お江戸の結婚

画・文
菊地ひと美
Kikuchi Hitomi

三省堂

お江戸の結婚 目次

装幀・菊地信義

カバー／表紙絵・菊地ひと美
（鈴木春信画より）

一　結婚の歴史

夜の漆黒の中を高張り提灯を掲げ、白装束の花嫁行列が続く。人生の儀礼の中でも最も華麗を極め、盛大に行なわれたのが「婚礼」です。古くは三日三晩飲食をし続けての饗宴でした。

婚礼の式だけがほかの祝いとは異なり、盛大に執《と》り行なわれたのはなぜでしょうか。武家、商家、農家の富裕層の「家」「財産」の盛衰に関わり、利益損失という点でその近親の縁者たちへも大きな影響があったからです。

現代は格差社会となっていて、「結婚」といえば婚活が思い浮かび、晩婚があり、下流では結婚できない人々が出現しています。しかし、それは現代だけでしょうか。

また核家族化が浸透し、日本の伝統的な「家」の意識も一九八〇年頃には大幅に薄れてきています。さらに少子化は今後の日本の経済力の低下を暗示し、介護の問題をも含み、「家」の解体は様々な問題を投げかけています。

江戸時代からの家父長制が残っていた、昭和三十年頃までの日本の「家」という意識。その「家」

の喪失とともに結婚の形態も変わり、現代では個人が主役の結婚に変わってきています。それではもともとの日本の婚姻とはどういうものだったのでしょう。江戸時代の婚礼に焦点を当てながら、現代とも比較しつつ婚姻を追ってみたいと思います。

なお、平安から江戸時代の結婚の歴史については、江馬務「結婚の歴史」（〈江馬務著作集〉第七巻『一生の典礼』）を参照にして述べます。

【平安時代の結婚】

平安時代には貴族と庶民の二つの世界がありましたが、比較的記録に残る貴族の婚礼で見ます。藤原氏時代には恋愛が遊戯化し、恋模様が多いことが常でしたが、貴族の家と家とが正式に結婚するには、先祖、家系、身分などの条件の審査は厳格でした。結婚は実権をもっていた娘の両親が、家や子の将来を見越して進行させてゆきました。

そして平安貴族の婚姻で特徴的なのが「婿取り《むことり》」です。新婚当初は夫が妻の家に通いました。これを「通い婚」とか「妻問い」と言いました。現代とは反対に「逆玉の輿婚《こしこん》」が一般的です。花嫁の父の経済力・政治力による婿の冠位の上昇への期待と打算を含んでの婚姻だったようです。

婚礼の式次第《しだい》（進行）には、盃事《さかづきごと》が終わると、婿は角盥《つのだらい》で手を清めて「吉書《きっしょ》」（叙位《じょい》任官などの辞令）を見るという手順が組み込まれていた例もあります。

〔平安貴族の婚礼式の推移〕

○婚約が整い吉日がくると、早朝には花婿《はなむこ》から花嫁《はなよめ》に贈る恋文を持ち、「書使《ふみづかい》」（文使い）という使者が出ます。

花嫁の家では、その夜花婿を迎えるための準備に大わらわです。たとえば寝殿内部の間取りを変更したり、室内装飾である舗設《しつらい》（室礼《しつらい》）、饗饌《きょうせん》（食事）、装束《しょうぞく》（衣装）などを整えます。

○夜十時頃、松明《たいまつ》を持った供の者十二人が先導し、花婿は冠を着けて笏《しゃく》を持った衣冠《いかん》という盛装で、牛車に乗って出発します。

○昔から婚礼には見物がつきもので、高位の婿殿の行列の場合は、噂で集まった人々により沿道はお祭りのような騒ぎとなり、道側に垣を作って見物したそうです。

○花嫁方の方は、寝殿の間仕切《まじきり》を変更し、まず三部屋を作ります。花婿が到着の時に最初に入る休憩室である①「帳前《とばりまえ》の間《ま》」、その隣に②「御寝の間」を作り、次に③「新夫婦饗饌の間」を作ります。

○花婿が到着して一時休憩をしている間に、花嫁は白粉《おしろい》や眉《まゆ》作り、歯黒めなどの化粧をし、それまでの日常着である衣装は全部脱いで、白の小袖（肌着の着物）に濃《こき》（濃い紅）の小袴《こばかま》をはいたままで、御寝の間の茵《しとね》（敷蒲団）に伏せます。花婿も衣装を脱いで小袖（肌着）か単《ひとえ》に、下袴《したばかま》の

上流公家の家庭『紫式部日記絵巻』より

屋へ戻ります。

○次に新夫婦は（仮の）新枕《にいまくら》をかわします。新夫婦は元《もと》の装束を再び着て、花嫁はひとまず母姿になります。

○そしてこれからは寝殿の西ノ間（西の対《たい》）に場所が移され、正式な宴、盃事となります。「第一の饗饌《きょうせん》」（食事）が高坏《たかつき》にのせられて婿、嫁に供えられ、次いで全員に食事が運ばれる。酒が注がれ、これで「一献」。食事が始まると管弦の音が鳴り出します。

さらに「第二の饗饌」において「二献」「三献」の酒と膳が出ます。それから宴の座と舞いがあり、正式な座は終わります。

○婚礼の夫婦の祝言《しゅうげん》は、最初の三献で終了。この後は随意ですが、「穏《おん》の座」という無礼講になることもあります。

○盃事が終わると、花婿は角盥《つのだらい》で手を洗い、「吉書」を見、かくて男女は再び装束を脱いで真のお床入りとなります。

○式中の花嫁衣装の方は、十二単《じゅうにひとえ》と同様の「小袿姿《こうちきすがた》」という盛装です。白絹の着物を八枚重ねたのち、その上に紫か蘇芳《すおう》などの表着《うわぎ》を用い、袴《はかま》は濃い紅色です。

結婚式を終えた婿は三日間、嫁の家を深夜に訪れ、夜明け前に帰ってゆきます。翌朝、花婿はひとまず実家へ帰り、家から花嫁へ恋歌を贈りますが、この使いを「後朝の使い《きぬぎぬ》」と言いました。その間は毎夜、同じ式を繰り返し、三日目の夜、花婿花嫁は一緒に餅を食べます。これが「三日夜《みかよ》の餅」、または「三夜《さんや》の餅」です。また三日目には、結婚披露宴にあたる「露顕《ところあらわし》」が行なわれました。

【鎌倉・室町時代の結婚】

鎌倉時代に入ると、政権は前代の平安貴族から武家の世となり、暮らし方も一変します。平安時代には貴族たちは荘園などの経済力を背景として華麗・典雅を極めた暮らしをしましたが、武家の世となると質実剛健・質素を旨《むね》とするようになり、結婚式もおのずと簡素な婚礼、調度へと変わってゆきます。

そして平安時代には婿《むこ》が嫁《よめ》の家へ入る「婿入り」婚でしたが、鎌倉時代には母系型家族の形が崩れてゆき、室町時代になると「嫁入り・嫁取り」婚の形式となったようです。これは武家の社会となり、男子の地位が向上したことが主因のようです。

室町時代は、南北朝の対立、応仁の乱と戦乱続きで都は荒廃しました。後期の東山時代には、住宅建築の様式において「書院造《しょいんづくり》」が完成し、これは婚礼にも影響を与えました。

第一台の高坏

第一献

霊蠃子《うに》		酢
	御飯	
海月《くらげ》		塩

次に、第二台の高坏

第二献

楚割《すわやり》	平焼
鯖《さば》	零余子焼《ぬかごやき》

次に、第三台の高坏

第三献

松子《しょうし》		粉餅赤
	干棗《ほしなつめ》	
柑子《こうじ》		粉餅白

平安・鎌倉時代の饗饌《きょうせん》『類聚《るいじゅう》雑要抄』より(江馬務「結婚の歴史」を参考)

初献引渡の図『類聚婚礼式』より

第二献 打躬《うちみ》の図

第三献 腸煎《わたいり》の図

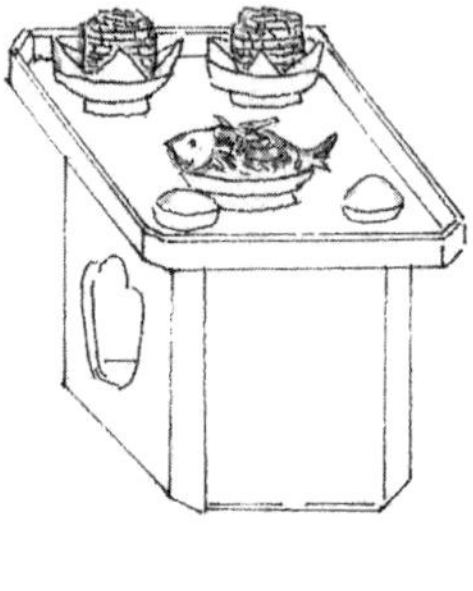

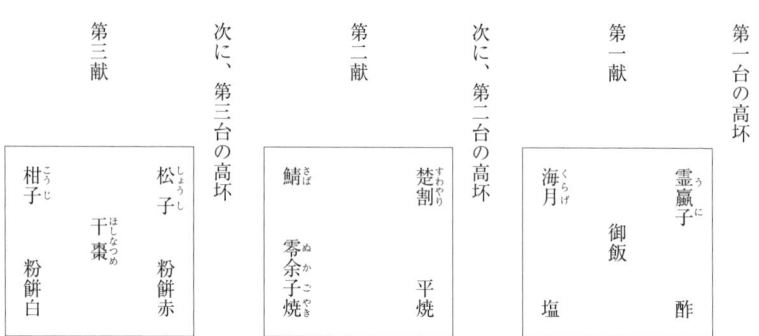

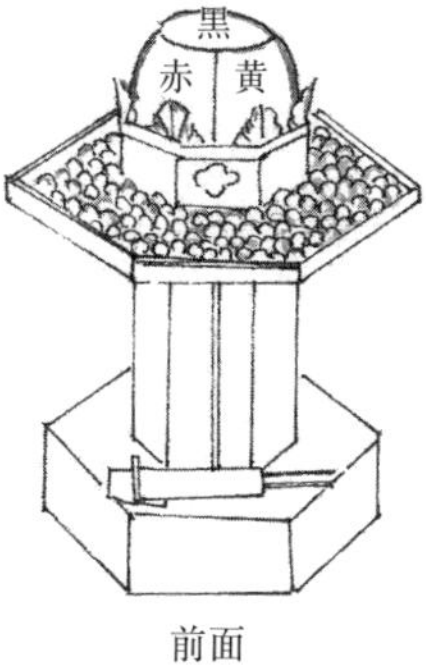

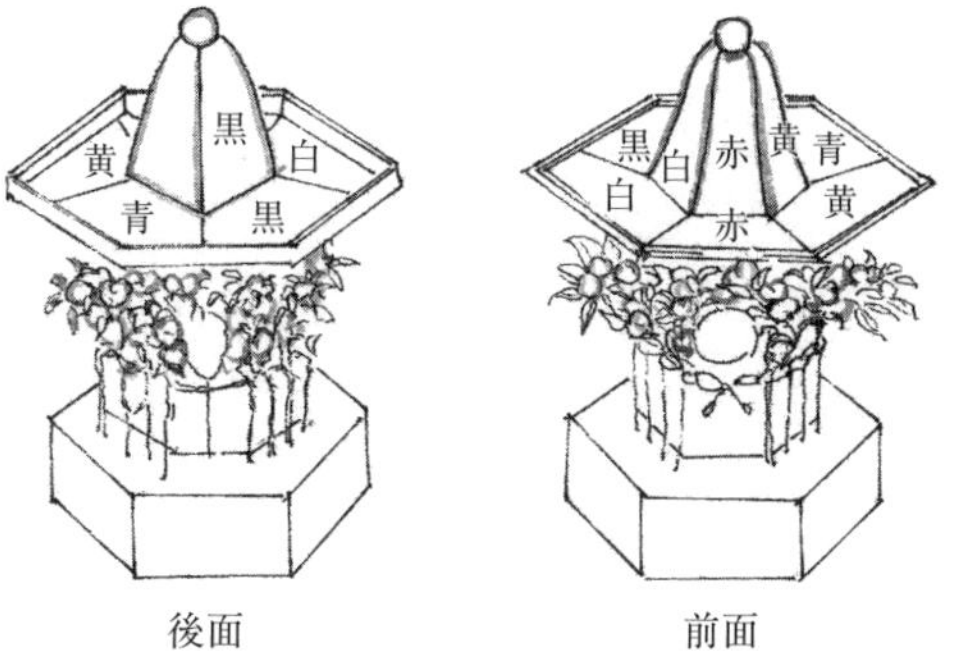

手掛台《てかがりだい》『大草家伝書』より

婚礼床飾の二重台『大草家伝書』より

平安時代には寝殿造のため、大広間を間仕切《まじきり》で仕切るようになっており、個室はありませんでした。「書院造」になると部屋が出来ます。この新様式のうち婚礼に関わってくるのは、玄関・床の間・違棚《ちがいだな》・書院などの部分です。祝言の式にはこれら室内の特性を充分に生かして、式へも取り入れていきます。また室町時代には床の間の飾り物など、調度の種類も増加しました。

〔室町時代の婚礼〕

伊勢貞陸《いせさだみち》『よめむかへの事』によれば、婚礼は三日間行なわれました。

夕暮れ、嫁方では門火《かどび》が焚《た》かれ、花嫁は輿《こし》に乗り、供の女房（侍女）の輿や荷物の行列と共に、花婿の家に到着します。婿方でも門火が焚かれ、「貝桶渡し《かいおけわた》」などの儀礼があります。輿はそのまま庭づたいに二の間、三の間の前まで進み、花嫁を降ろします。婿方の待上臈《まちじょうろう》（婚礼を進行する役）が現われて、花嫁を祝言の座敷へと案内します。それから花婿が現われて、「式三献《しきさんこん》の膳《ぜん》と盃事《さかづきごと》」があり、次に「饗《きょう》の膳」が出されます。この二つの祝宴は、婿と嫁と待上臈の三人だけで行なわれます（酒を注ぐなどの補佐役は付く）。

花婿、花嫁はまず初日と二日目を二人で祝言をし、過ごします。三日目に初めて婿方の両親や家族と対面、挨拶をし、二人の結婚が認められるという形がとられています。

室町時代には、小笠原流、伊勢流などの礼道が確立し、婚礼の衣装も定まりました。花嫁は幸菱《さいわいびし》文様の表着に白打掛《しろうちかけ》を着るようになりました。これが白無垢《しろむく》です。

そのあと江戸時代に入ると、婚礼の歴史はぐっと簡略化が進みます。そして江戸の幕末までは婿の私邸で行なわれていた婚礼にも変化がみえはじめ、明治時代には「神前結婚式」が現われ、戦後は貸し会場へと変わってゆきます。

そして元々三日間もかけた婚礼が、昭和以降には、式と披露宴で数時間程度にまで短縮化が進みました。

〝結婚・婚姻〟とは何だろう。なぜ盛大な披露宴をするのか。なぜ三日もかかるのか……。平安時代のいかにも政略結婚というものから、江戸時代には家格・財産を受け継ぐ者（嫡子《ちゃくし》）の儀式へ推移してゆきます。

明治以降、さらには太平洋戦争後の民法改正により、財産の相続の仕方が変わった後は、婚礼の意味も目的も激変しました。どこがどれだけ変わったのかも気になる所です。

この本では江戸時代に焦点を当てながら、時々は現代とも比較しつつ、江戸の結婚のかたちと意味を追ってゆきたいと思います。なお江戸時代は「結婚」の概念はなく、縁組と婚礼が現在の「結婚」に当たりました。

二 江戸の結婚　武家

その概要

江戸時代の「家族」は強い〝家父長制〟でした。精神面では〝三従の教え〟などの〝儒教〟が道徳の基本とされました。また国の秩序を保つために、上下関係の礼節や長幼の序が尊重され、奢侈《しゃし》を戒《いまし》め、勤労が奨励されています。

このような社会背景の中でも、江戸時代の上層階級においては、盛大な挙式が行なわれました。戦国時代のような政略結婚は減少し、七、八歳の幼少での早婚は後を絶ちます。そして式の簡略化も進みました。

江戸時代には婦道を教える教訓書が多く出版されました。主なものに『女鏡』（一六五〇年）、「女庭訓《ていきん》」もの、そして貝原益軒の『和俗童子訓《わぞくどうじくん》』（一七一〇年）の一節「教女子法（女子を教えるの法）」を元にした『女大学宝箱』（一七一六年）などがあります。これらの教則本では、夫や舅《しゅうと》姑《しゅうとめ》に仕えるのが基本とされ、夫の一言に異議は許されませんでした。また「嫁入り」という言葉がしめすように、必ず先方の家で同居するのが決まりでした。

これに対して夫の方は自由であり、ほかに情婦や妾《めかけ》を持ち、また遊里に通っても、妻は意見をすることも憚《はばか》られる状況でした。

一方、江戸期における武家の「家」の継続は、今から考える以上に厳しいものでした。たとえば藩の上級武士の例をみると、実子がなく養子の継承が続いただけで、代替わりごとに大幅に禄《ろく》を減らされます。より狭い土地や家の転地、家来の縮小が相継ぎ、三代目頃には、広大な屋敷と多くの家来や小者を持つ身分から長屋暮らしにまで身上を落とされた例が数多くあります。

武家にとって子がないことは、上層から下層へ落ちることを意味しました。このため能力のある養子を迎え入れるという策も盛んにとられました。落とされもしますが、逆にその養子が優秀であれば出世もしたのです。

武家、富商、大農家は「家を継ぐ、継承して次代へ繋ぐ」ということが、男子最大の役割となります。婚礼の歴史をみると、婚礼は家格や財産のある武家や民間の富家が、財力を傾けてする盛大なる儀式です。一家・一族・近隣に向けて「家督《かとく》」を継ぐことを表明するための、一生に一度の華燭《かしょく》の典でした。婚礼・祝言というお披露目《ひろめ》は、その必要性があり、それをする財力もある人々だけが執り行なうことができました。ですから今日の婚礼、一般的には皆が結婚というものとは、意味がまったく異なります。

またその家財を受け継げるのは嫡子《ちゃくし》（家督を相続する子で、長男が基本。養子や婿養子でも可能）です。二・三男は一生冷《ひ》や飯食《めしぐ》いの立場であり、婚礼はさせてもらえません。結婚は可能ですが、年収の低い人が結婚できるかどうかの問題になります。それにしても上層階層においては、結婚と恋愛は完全に分離していたようです。

江戸時代の婚礼は「武家婚礼式」が採用され、商家は武家にならったため、富裕層では「武家礼法」になりました。その簡略化の形態もみられます。それではまず江戸時代の武家の結婚を見ていきます。

〔一〕武家の結婚

【大名から下級武士まで許可制】

近世の武士の結婚は、主君や父母が決めた相手とは否応なく結婚しなければならない定めでした。あくまでも「家」を継承し、次代へ繋ぐためにするものです。大名から下級武士に至るまで幕臣であれば幕府へ、藩士であれば各藩へ、すべての者が届け出をして許可を得る、許可制でした。そして主君や上士の許可が得られれば婚約は整い、のち婚礼（結婚式）を挙げて婚姻が完了します。

その手続きは、縁組が整えばまず双方から届けを出します。大名の結婚は将軍自らがこれを決裁し、その下の旗本クラスの者たちは、老中や若年寄から沙汰《さた》（指示）があります。また御家人については、その所属の長である頭《かしら》や支配から沙汰がありました。

縁組が許可されれば婚礼を行ない、「婚礼の日、無事に新婦を引き取った」という「引取届《ひきとり》」を提出すれば、婚姻の手続きは終了します。しかし下級武士や御家人の中には、婚礼の費用を節約したいために、式は挙げず、「引取届」だけで済ませ、事実上の夫婦生活に入る者も多かったようです。幕府の方は政治的な策略を婚姻により強化されることを警戒しているだけなので、届け出によって審査できれば式の方は構わなかったようです。

ちなみに離婚の際には双方からの「離婚届」が必要でした。

【身分違いの結婚は禁止】

江戸幕府の婚姻に関する規定は早く、元和元年（一六一五）二代将軍秀忠が出した「武家諸法度《ぶけしょはっと》」の中で、大名以下の武士に無断結婚を禁じています。この時、武士の縁組には様々な制限がありました。

婚礼 三ツ目祝式 婚礼から３日目の祝事。床の間の中央は奈良《なら》蓬莱《ほうらい》飾《かざ》り。
『類聚婚礼式』より

『女大学教草《おしえくさ》』(天保 14 年刊)より

江戸後期(天明年間)の綿帽子

中・下級武士の家庭 これから登城する夫を三つ指ついて送り出す妻。『小笠原諸礼大全』より

武士の家庭　妊娠5カ月目をすぎた武士の妻が、戌《いぬ》の日を迎えて岩田帯をしめる儀式を行なっている。『小笠原諸礼大全』より

一つめは、同役の縁組は許されません（組頭《くみがしら》は自分の組の者とは不可。しかし番頭《ばんがしら》のように、組が多くあるものは可）。

二つめは、家格相応の縁組が条件とされていました。当時、身分違いの結婚は禁じられていて、たとえば直参《じきさん》（幕府の家臣である旗本や御家人）と陪臣《ばいしん》（諸大名の家臣）の間での結婚は禁止です。身分が将軍に拝謁《はいえつ》できる「御目見《おめみえ》以上」と、拝謁できない「御目見以下」の間の結婚も禁止です。それから武士と町人・百姓などの間の結婚も禁止でした。

しかし家柄相応の結婚が規定であれば、それに対する対応策もあります。町人や百姓の娘が武家に嫁ぐ時には、最初の婚姻（正妻）はむずかしいでしょうが、二度目、三度目の婚姻の時には、ほかの武家の養女になって形式を整えてから嫁ぐことはできます。

一方、この逆の場合、武士が娘を百姓や町人の嫁にやることは、御家人といえども許されませんでした。こういう時には、士分を「捨てる」といい、いったん士分以下の者の養女とし、それから町人層に嫁がせるという方法をとります。

それからちょっとおかしいのは、勝手に妾《めかけ》を妻に直すことも禁じられています。つまり武士に関しては、恋愛はだめですし、結婚の自由もなく、すべて幕府や藩に管理されていました。

【君主から命令される結婚】

将軍や藩の家老、あるいは上士から、○○家の娘○○を娶《めと》るようにと、指名・命令される場合も多く、もちろんこの場合、承諾するしか道はありませんでした。次に、柴田純著『江戸武士の日常生活』（講談社）よりその例をみてみましょう。

江戸初期、寛文頃（一六六一〜七三年）の「御用番留帳《ごようばんとめちょう》」には、紀州藩上級武士の結婚の記録が載っています。紀州藩主頼宣《よりのぶ》が、上級武士である大番頭《おおばんがしら》で二千三百石《こく》取り、蔭山《かげやま》宇《う》右《え》衛門《もん》重《しげ》堅《かた》の娘おまんの聟《むこ》に、御供番頭《おともばんがしら》千石の江間与右衛門高重《えまよえもんたかしげ》を命じます。家老の五郎左《ざ》衛門《えもん》がその旨を娘の父、宇右衛門と当人の与右衛門に申し渡すと、藩主の命により両家の婚約はととのってしまいます。

やはり寛文頃の、今度は下級武士で医師・儒者《じゅしゃ》の石橋生庵《しょうあん》の日記「家乗」から、主君の命による結婚をみます。紀州藩の家老三浦為時《ためとき》に仕える三十石《こく》三人扶持《ぶち》の生庵は、主君から、その用人で三百五十石取りの大多和治右衛門《おおたわじえもん》の養女、二十歳を娶《めと》るよう命じられました。早速、娘のもとへ結納を届け、さらに花嫁道具を届け、祝言の運びとなります。

しかし生庵は主君からのこの突然の命令のために、七年間にわたる侍女垂花《すいか》との恋を終わらせなければなりませんでした。

日記には結納のあと「夜、垂花と別涙を拭《ぬぐ》う」とあり、翌日には「今晩、垂花を出《いだ》す。（略）雲雨《うんう》の遊を為《な》すや已《すで》に七年、一日も我を負《そむ》かず……将《まさ》に離別の近きに在《あ》りて愁情の切《せつ》なるに堪《た》えず」と記され、彼は病床にふせってしまいます。急に幕を閉ざされた二人が哀れです。

【困難な家の存続】

武家では男の子を持つことが家を保つ必須の条件でした。跡継ぎがないと藩や家臣の家々も取り潰《つぶ》しになります。そうなれば一族郎党、皆失業の憂き目にあい、妻子を養うことができなくなると頭ではわかります。しかし男子がないということはそんな生やさしいことではなく、もっと手厳しいものでした。それを見てみましょう。

「御用番留帳」に登場した紀州藩上士蔭山《かげやま》家のその後ですが、祝言（一六六五年）の四年後に嫁の父は四十五歳の若さで病のため死去します。同家には男子がなかったため、同族の者の二男亀之介を娘と結婚させて跡目を継がせました。この時実子ではなく婿養子のために、禄高が減らされます。角蔵重之《しげゆき》と改名した婿養子の知行は、二千三百石《こく》から千五百石へ減禄されてしまいます。娘はその四年後に死去し、角蔵も三十七歳で死去しました。

角蔵夫婦には子がなかったため、三浦家の為重を養子に迎えることで、蔭山家の存続は認められました。しかし角蔵の死後の養子であったため、知行はさらに減禄されて三百石になりました。

もとの広大な屋敷から、「吹上長屋《ふきあげ》」に移らされます。

以後代替わりのたびに減禄が続き、幕末の九代目広道の頃には、禄高は二千三百石から百五十石にまで激減していました。上級藩士から殿様に御目見《おめみえ》すらできない下級武士への転落です。住まいも邸ではなく、長屋暮らしです。

養子の代替わりが続いただけで、これだけの下落と悲哀をみなければなりませんでした。武家の妻の第一の役割「男子の誕生」が、重くひびきます。

【上級武家の婚姻までの流れ】

江戸時代の婚姻は、式である祝言《しゅうげん》の前後も大変です。まず両家を固めなければなりません。両家の親族間や仲人への挨拶や数多い振舞い膳が必要です。

また現代と大きく異なるのは、現代では結婚式は両家が集まって一度ですませますが、江戸時代は最初の正式な祝言は花婿方で行なわれます。この時の宴には、婿方の親族しか出席しません。花嫁の実家の両親や、その親族は列席しないのです。

そして男子の家での正式な祝言が終わった後、花婿や両親、仲人などが今度は嫁の実家へ行って、再び三三九度と宴が催されます。こちらには嫁方の親類が列席しています。このしきたりは、のちには変わってゆきます。

大名の婚礼 夫婦の盃 夜、花嫁が祝言の席へつくと、待上臈《まちじょうろう》が三方(台)の上の搗栗《つきぐり》・のし昆布ほかの引渡《ひきわたし》をまず夫婦にすすめる。のち三三九度の盃事となる。式は新夫婦と進行の人々のみで行なわれ、このあと色直しとなる。

『類聚婚礼式』より

花嫁『女用《おんなよう》千《ち》尋《ひろ》浜《のはま》』(文化12年刊)より

武家の結納の式 婚約が整うと婿側は嫁側へそのしるしとして結納をおくる。
『徳川盛世録』より

では次に上級武士の婚姻までの流れを、前述の大番頭蔭山《かげやま》宇右衛門《うえもん》の娘おまんと御供番頭江間《えま》与右衛門《よえもん》の例でみてみましょう。

【婚姻の推移】

〔婚約の儀礼〕

1 藩主の命により家老が婚姻の旨《むね》を娘の父宇右衛門と花婿に申し渡すことで、婚約は成立。

2 五月三日……結納《ゆいのう》の使い
　花婿から娘の父へ「結入之使い《ゆいいれのつかい》」（結納の使い）として使いの者が出向き、同夜は家老の為時（親類）も出かけ、一緒に祝う。

3 五月十日……花婿が嫁方の両親と盃事《さかづきごと》
　花婿が初めて娘の父方へ出向き、父（宇右衛門）夫妻、花婿、渋谷《しぶや》氏、家老の五名が奥座敷で「吸物《すいもの》、盃事」をすませる。

4 同五月十日
　今度は娘の父が花婿方を訪ね、同様の「吸物、盃事」をして祝う。

5 五月十一日
　翌十一日には娘おまんと母が、家老の為時方に参上し、居間で振舞われる。

6　五月十三日
嫁方の縁戚の家老（為時）が、婚姻を申し渡したほかの家老（直恒）邸に、御礼に出向く。

7　五月十四日
娘の父が江戸詰めになったため、家老の為時邸で、娘の父を振舞う。

8　五月二十九日……家老が花婿方を訪問
家老の為時が初めて花婿方を訪問する。こうして両家の婚約に関する一連の儀式は完了した。なお、花嫁の父が江戸在勤となったため、祝言は翌年、父が戻ってからとなった。

〔祝言と後の里帰りの儀礼〕

9　祝言の十日前（七月十八日）……嫁方で皆へ道具の披露
「小《お》まん祝言道具見せ申《もうす》」とのことで、家老夫妻や娘たちが花嫁の父方へ出向く。

〔七月二十六日から三日間「祝言の儀式」執行〕

10　初日　七月二十六日
夜八時頃、花婿は花嫁方へ出向き、「奥にて三献之祝《さんこんのいわい》」を行なう。その座にはおまんと父夫妻、花婿、介添え仲人《なこうど》役、家老（為時）の五名が列席。
この日、家老為時は、朝十時頃登城し、二時頃いったん帰宅し、夜になると祝言の席へ出向く。

祝言の床飾り

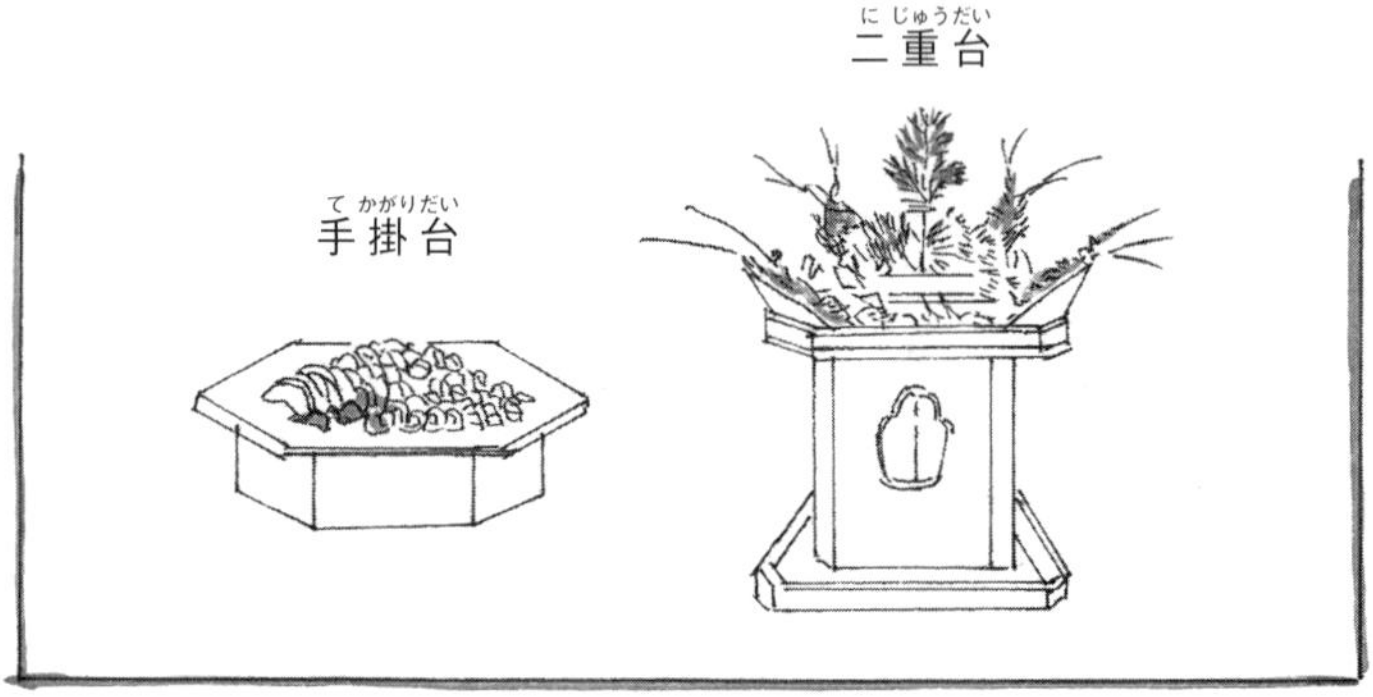

床の間の中央は奈良蓬莱飾りで、その向かって右に二重台、左に手掛台。『女大学教草』(天保 14 年刊)より

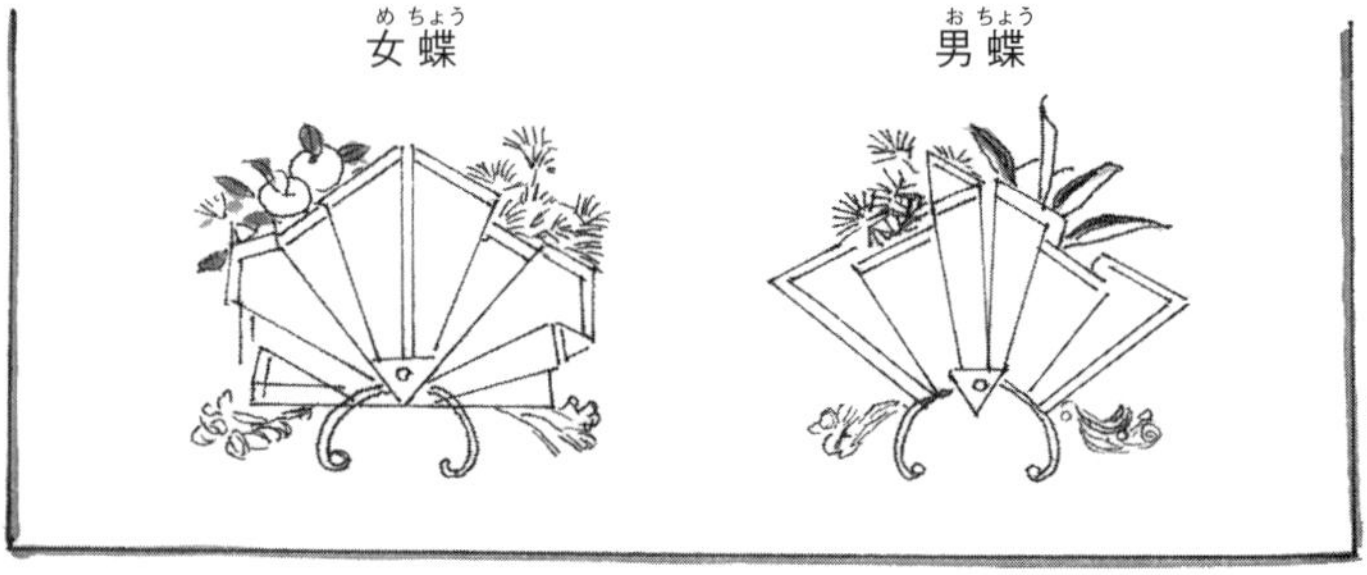

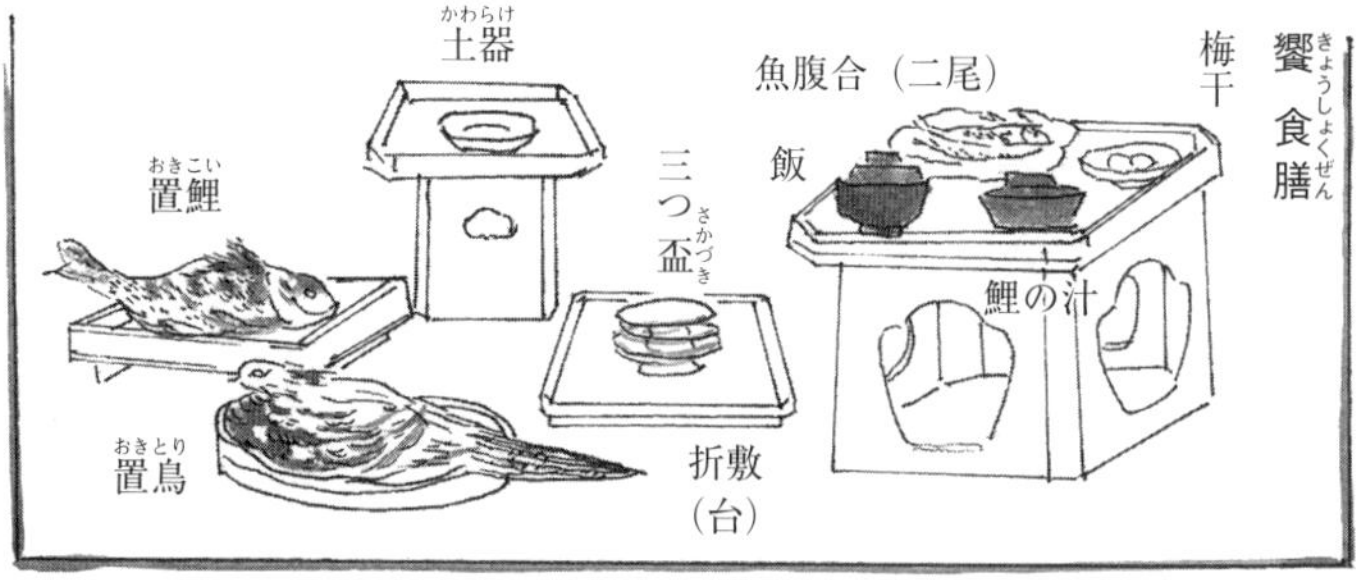

銚子《ちょうし》　酒を盃に注ぐ時に使う、長い柄のついた金属製の器。

瓶子《へいし》　酒を入れて注ぐのに用いる容器。

提子《ひさげ》（提）　銀、スズなどで作る小なべ状のつるの付いた銚子。

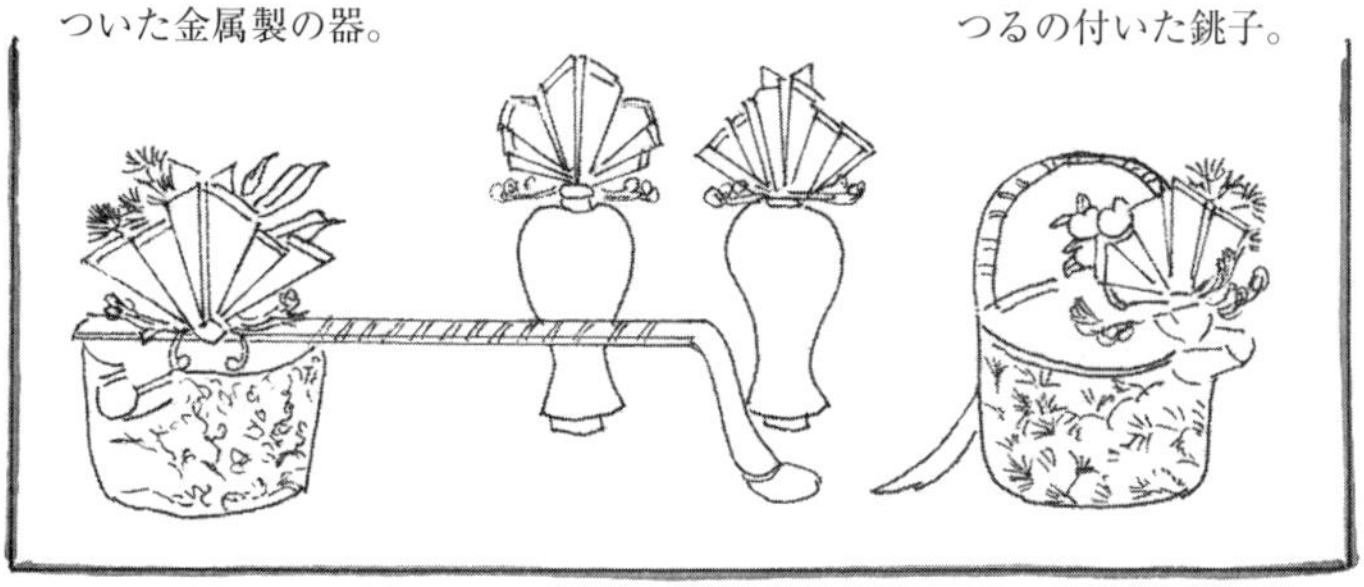

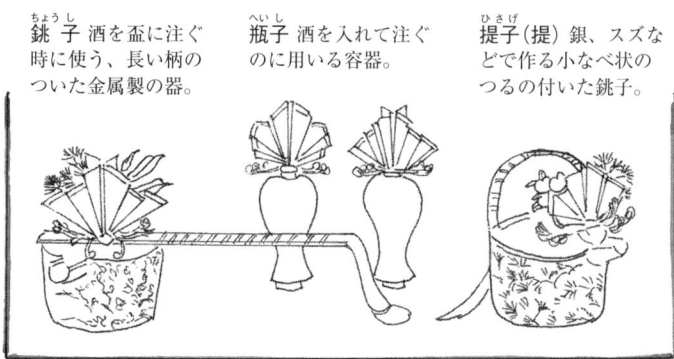

皆は「夜更《よふけ》候《そうろう》迄《まで》酒もり」を続けた。

11　二日目　翌二十七日

花嫁の両親が花婿の実家で振舞われる。

12　三日目　二十八日

夜に花嫁方で花婿を振舞う。この日、家老為時は朝九時頃登城し、その後嫁方を見舞い、午後一時頃には帰宅し、夜の振舞いには出席せず。

13　一週間後　八月五日

家老為時方に花婿与右衛門を招き、御座敷で「三献之祝盃」をあげて、兼光《かねみつ》の脇指《わきざし》を与える。そのあと奥座敷で仲人役の布施氏や花婿方の親族などを接待した。

こうして前年の婚約と、当年の祝言がめでたく終わり、結婚の儀式が完了となった。

これは入り婿なので通常とは逆になっています。また通常は「里帰り」といい、男子が両親と共に嫁の実家を訪れ、再び娘の親族への盛大な披露の式をあげることもあれば、軽い祝い膳のこともあります。

またこの里帰りの日の家老は朝十時頃登城し、二時頃いったん帰宅。のち太刀《たち》などの祝いの品を持参して婿の実家へ出向き、「奥にて盃事」をすませ、さらに「おもてにて祝」い、日暮頃に帰宅しました。

江戸時代の武家の結婚をまとめますと、武家の場合は命令婚や、同格の家の婚姻となります。大名や裕福な旗本層の二・三男坊においては、婿養子先があれば持参金を付けて入ります。

上級武家においては、相続する長子を披露する重要な場ともなるので、婚礼は祝言だけで三日かかりました。その前後にも両家の親族や仲人役の盃事や祝い膳、嫁方でも同様の式などがあります。新郎新婦は、祝言の床入りで初めてお互いの顔を見るのがふつうです。

一方、中級から下級武士の婚礼にはここまでの儀式性はなく、式も膳も道具も、ずっと簡略化されたものになります。また同格で少し異なる組（部隊）から嫁をもらうため、顔は見知っていることもありました。

そしてこの層の二・三男坊も婿養子に出されましたが、多くは親や長兄の「厄介《やっかい》」として過ごし、俸給があっても低過ぎるため結婚はできないのがふつうでした。ただし「結婚」という儀礼が出来ないのと、性生活の面は別と考えた方が良さそうです。現代ではつい結婚と性生活は一緒にとらえてしまいますが、江戸時代にはそもそも、そこからして別だったと思います。

「結婚」という儀礼を行なわない人々は、特に男子では武家・商人・職人を問わず、非常に多かったのです。町方は後述しますが、結婚しなくて普通くらいのものです。

結納の挨拶《あいさつ》『倭《やまと》百人一首小倉錦《おぐらにしき》』(文政12年刊)より

婚家に向かう輿入れ行列 西川祐信画『絵本十寸鏡』(延享5年刊) より

嫁入り道具の行列『類聚婚礼式』より

その受け皿として、遊廓や私娼、妾《めかけ》などがこれまた多くいました。

上流武家や富裕な商人が妾を置くことは早くから行なわれていました。『三田村鳶魚江戸生活事典』の妾の項によると、妾にもいろいろあり、二月縛《ふたつきしば》りで金五両（今のお金で五十万円）から四両、三両、二両くらいまであったとのことです。また天保十二年（一八四二）刊の人情本『花筺《はながたみ》』では二月縛りで三両とありますから、月一両二分（十五万円）が並のようです。

そして江戸後期になると下級武士や小商人までもが妾を囲うようになり、「安囲《やすがこ》い」というのが流行ったようです。原田伴彦ほか著『近世女性生活絵典』（柏書房）によれば、数人の男がお金を出しあって一人の女を共通の妾とするのを安囲いと言ったようです。女は一人で大概五人くらいの男を持っており、それぞれが日を決めて出向くというものでした。

江戸の結婚は現代とは大変異質でした。

なお、江戸時代の貨幣の現代換算については、年代による一両の金の含有率などで大きな違いがありますが、この本では小野武雄編著『江戸物価事典』（展望社）ほかを参考にしつつ、一両＝十万円で換算しています。実際には、時代によって変動があります。

〔二〕武家の祝言

江戸時代には、礼式や上下関係のあり方から住まいの作り方まで、手本とされたのは武家の様式でした。ですから祝言（婚礼）のあり方も、町方は武家にならいました。室町時代から江戸時代へと続く武家の婚礼の流れをこれからみていきます。

婚礼はその家の知行や家督を継ぐ式とお披露目なので、儀式性の高さは格別です。日本の本来の祝言とはこういうものであったということを、ぜひ見ていただきたいと思います。祝言前夜には両家や仲人役が何度も相手方に出向き、挨拶や祝膳の式があります。現代からみると煩雑というほどの儀礼の応酬です。

昔から日本人はこれほどの複雑な儀礼・儀式を通して両家を繋ぎ、「家」の永続を願ってきたのだと思いますので、詳しく記します。現代と比べてみるのも一興です。武家の上・中・下の階層では、下にゆくほど簡略化されますし、地域によっても異なります。

日本の婚礼は夜に行なうものでした。夜の漆黒の闇の中、高張り提灯《ちょうちん》を掲げた花嫁行列と、輿《こし》の内なる白無垢《しろむく》の花嫁は、古風な日本の美の象徴でもあります。

武家の娘 国貞（三代豊国）画『江戸名所百人美女 赤さか氷川』より

武家の娘 国貞画『江戸名所百人美女 いひ田まち』より

【上層武家の祝言】

これからは江馬務の「結婚の歴史」と、この中で紹介されている伊勢貞陸《さだみち》『よめむかへの事』、伊勢貞丈《さだたけ》『婚礼推陳記《すいとう》』にそって、上層武士の祝言を再現してみます。

〔一　父母に暇乞い《いとまご》〕

嫁は白装束《しろしょうぞく》を身に着けたのち、父母に暇乞いをします。この時に、式三献《しきさんこん》、雑煮、三献、三三九度の盃をしました（略式では吸物と取肴《とりざかな》のみですませました）。それから守袋《まもりぶくろ》を襟《えり》にかけて輿《こし》に乗ります。

〔二　花嫁行列出立《しゅったつ》の門火《かどび》〕

夕暮れに花嫁行列が出る際には、門外に門火を焚《た》きます。輿舁《かごか》きの人夫の装いは、烏帽子《えぼし》に十徳《じっとく》・白帯です。嫁の輿の中には雌雄一対の犬張子《いぬはりこ》の箱二つが置かれていました。犬は多産であり安産でもあるので、あやかるための縁起ものです。

〔三　花嫁行列の構成〕（『婚礼推陳記』より）

露払《つゆはらい》（貴人や行列の先に立ち道を開く人）、金箱、からげ銭、幕串《まくぐし》（幕を張るために立てる細い柱）、幕箱、簾箱《みす》、屏風《びょうぶ》、長持《ながもち》、台皮籠《かご》、表刺袋《うわざし》（貴人が外出の際に衣服などを入れた四角い袋で、絹布に太い糸で上刺《うわざ》し縫いがしてあり、従者に持たせた）、乗替輿《のりかえこし》、傘袋（貴人や武家が行列などで日除けに用いる長柄《ながえ》の大きな傘をしまう布袋）、陰陽弓、蟇目《ひきめ》（矢の先に付ける木製のラグビーボール形の覆いで、獲物に傷をつけないため犬追物《いぬおうもの》などに使われた）、大上臈輿《だいじょうろうこし》（侍女）、長刀、馬上侍《さむらい》十人、貝桶（左出貝・右地貝）、貝桶渡《かいおけわたし》役人、輿渡《こしわたし》役人二人（前の両脇、左は太刀《たち》刀、右は守脇差《わきざし》を持つ）、嫁の輿、嫁の家老、輿の台一人、次に馬上侍十人、小上臈《こじょうろう》そのほか女房（侍女）たちの輿、女房（馬上）という順で進みました。

〔四　嫁入り荷物・武家のお道具〕

室町時代の嫁入り荷物は、嫁の行列と同時に送りましたが、江戸時代には荷物・お道具は前もって送ることになります。荷物は次のようなものでした。（以下、『よめむかへの事』より）

御貝桶《おかいおけ》……蛤《はまぐり》三百六十対《つい》を二つの桶に分けて、左貝、右貝を入れる。亀甲《きっこう》形の桶。

御厨子棚《みずしだな》……三階棚となっており、下段は観音扉になっている物入れ棚。

担《にな》い唐櫃《からびつ》……蓋《ふた》付の木箱で、足が四方に一本ずつ付いており、紐《ひも》を通して担う形。中に雑物を収納。

長櫃《ながびつ》……服、屏風その他を入れる。

婚礼道具は昔は前もって届けられた。『徳川盛世録』より

(右)直垂《ひたたれ》 (左)半裃《はんかみしも》と熨斗目《のしめ》『南紀徳川史』より

門火《かどび》で嫁を迎える武家の門前『風俗画報』より

祝言『婚礼道しるべ』より

長持《ながもち》……蓋付の長い箱で、服、調度などを入れる。後には担い棒を釣手に通してかついでゆくようになった。

屏風箱……屏風を入れる箱で長持のようにかついで行く。

行器《ほかい》……弁当入れのことで、中に十二～二十人分の弁当を入れた。蓋付の円筒形の漆器で、横筋がある。

〔五　請取渡《うけとりわた》しの儀〕

嫁の輿が婿方へ到着。婿方でも門火を焚き、輿が門内に入る時には「請取渡しの儀」があります。これは嫁方の貝桶渡役人二人が素襖《すおう》姿で貝桶一対を持ち、婿方の請取役人へ口上《こうじょう》を述べて渡されます。

〔六　輿寄《こしよ》せの儀〕

輿は庭から室内の二の間、三の間の座敷へとかつぎ込んで降ろす。嫁方の女房（侍女）が来て輿をトントンとたたき戸を開くと、中の花嫁が輿から出て、女房に導かれて休息の間へ入るか、祝言の間へと進みます。

〔七　婿へ七種の土産《みやげ》〕

待上臈《まちじょうろう》（介添えと進行役）の案内で嫁が休息の間へ入ると、この時嫁から婿への贈物として、七種あるいは五種の土産（男子正装用の礼装の衣服）が披露されます。これは婿の身分により品目は異なります。

男子の官位による礼装（婚礼含む）は、婿の身分が将軍から従五位下までの貴人ならば束帯《そくたい》（現代の皇太子の婚礼衣装と同様）や衣冠《いかん》。従四位下侍従以上や有力外様・老中などは直垂《ひたたれ》（上衣は着物打合わせで広袖《ひろそで》、長袴《ながばかま》）。四位・五位の高位大名と老中・高家《こうけ》は直垂か狩衣《かりぎぬ》（盤領《まるえり》で脇が縫われず裾《すそ》を出して着る上衣と、裾がふくらんでいる指貫《さしぬき》という袴《はかま》）。一般の大名と旗本は大きな家紋が九つ付いている大紋《だいもん》で長袴《ながばかま》。旗本は狩衣《かりぎぬ》、御家人は素襖《すおう》で長袴。その下位の武士は長《なが》裃《かみしも》（裃と長袴）や半裃《はんかみしも》（裃と足首丈の切袴《きりばかま》）。以上が中級以上の人々の礼装です。

そして婿の身分が御家人なら、烏帽子・素襖・袴・内に着る小袖《こそで》（着物）のセット。その下位の一般武士であれば、裃（上衣の肩衣《かたぎぬ》と袴）、小袖、帯刀（刀は嫁からは贈らないので、金子《きんす》に代える）、扇子《せんす》など。

〔八　床の間の飾り〕

床の間はもともと神仏を祀るためのもので、祭壇をかね、家の安泰を祈る心がこめられていま

嫁迎え 嫁の輿が着いた武家の玄関先。『婚礼道しるべ』より

祝言の座敷
床の間前には昆布をのせた三方(台)。新夫婦の間には洲浜の上に高砂の島台。待上臈がつぐ長柄の銚子には男蝶、引提《ひさげ》には女蝶を付けるのが決まり。後方右の違い棚には花嫁が持参した調度品である、硯、文箱、料紙、香盆、手鑑、手箱などが飾られている。山東京伝『復讐奇談《きたん》安《あ》積沼《さかのぬま》』より

入輿《いれこし》　婿方についた花嫁の駕籠はそのまま奥の間まで運び込まれた。庭では男女の餅つきが行なわれており、この餅は床入り前に新夫婦が食べた。『小笠原諸礼大全』より

す。〝婚礼飾り〟は古くは公家式により行なわれていましたが、鎌倉時代以降は武家式になりました。室町時代、応永年間（一三九四〜一四二八年）の「十六式図譜」に「婚礼飾り図」があり、以下はその床の間の飾り方です。

• 床の間の中央に〝奈良蓬莱飾《ほうらいかざ》り〟があり、その向かって右に二重台、左に手掛台《てかがりだい》が置かれています。下段には瓶子《へいし》、置鳥、置鯉《こい》が置かれ、その前に盃、銚子、提《ひさげ》が置かれています。

• 江戸時代には変更や省略が行なわれました。床の間飾りであった蓬莱飾りは畳の上に置き、代わって床には松や鶴などの掛軸を掛けるようになりました。また床上には鏡餅を三方にのせて置く家もありました。

やがて畳の上に置かれた蓬莱飾りは姿を消して、洲浜台《すはまだい》の上に鶴亀などの祝い物を飾った「蓬《ほう》莱《らい》の島台《しまだい》」を置くようになりました。二重台、手掛台は省略されることもありました。

〔九　祝言《しゅうげん》の間〕

祝言の間は家の中では最高の、最も奥まった大きい部屋であり、庭に面しています。ここには床の間や違《ちが》い棚《だな》、書院があります。

花婿、花嫁の座の位置は、床の間の正面は避けて、古くは嫁は向かって左の下座に坐り、婿は正装で入室し、嫁の向かい側、上座に座ります。もう一人、待上臈《まちじょうろう》という式を進行する役の女性が下座に座り、祝言の式はこの三人だけで行なわれました（親族は列席せず）。

婿と嫁の座る位置は、古式では婿が上座でしたが、江戸時代の後半には、初日のみ嫁を客人として迎えることとなり、嫁が上座に変わっています。

待上臈という役は、婿《むこ》の叔母か姉、あるいは仲人の妻などが務めます。いずれも複雑な式次第を知っている必要がありました。列席者は、ほかに婿方と嫁方の上臈が出る場合もあり、また酒を注ぐ女房（侍女）三名が出る場合もありました。

武家の上層では娘の教育係であった乳人《めのと》が娘の身辺につく定めがあり、祝言にあたっても嫁の作法を指導する役を務めました。

まず初めての夫婦の祝儀は盃事である「式三献《しきさんこん》」から始まります。そして饗饌《きょうせん》へと続きます。

〔十　花婿と花嫁の衣装〕

花婿衣装　花婿衣装の表着《うわぎ》は、身分に応じた正装です。前述のように、最上位者は「直垂《ひたたれ》」、次位は「素襖《すおう》」で、「裃《かみしも》（肩衣《かたぎぬ》と袴《はかま》）」もあります。
色は「勝《かちいろ・かちんいろ》（褐）色」という濃い藍色が主で、浅葱《あさぎ》色（うすい緑青色）もありました。直垂や素襖など襟元のつまった衣装には、内着に白綾《しろあや》（絹地）の幸菱《さいわいびし》という地模様を織り出した中着を着用します。肌着としては白羽二重《はぶたえ》の袷《あわせ》（裏付）を着用しました。夏は別素材でした。

祝言 花婿は半裃に無地の熨斗目（小袖）、花嫁は白装束。着物は柄でなく、地紋が入っている。『倭百人一首小倉錦』（文政 12 年刊）より

祝言 花嫁が着座し、これから三つ盃という場面。中央には洲浜台の上に蓬萊の島台。床の間の正面は避けている。『女用文章初音錦』(万延元年刊)より

祝言『倭百人一首小倉錦』より

また裃の場合、内着の着物が見えてしまいますが、内着には白絹の熨斗目《のしめ》を着用します。

花嫁衣装

『婚礼推陳《すいとう》記』にみられる江戸初期の花嫁衣装は全身「白装束」で、練絹《ねりぎぬ》の白小袖(着物)一、二領《まい》を重ねて着し、その上に綾絹の白小袖を着て、白の帯を締めました。ともに白地に幸菱の地紋の入った織地を用いました。その上に白の打掛《うちかけ》を着用しました。

このほかにも江戸初期の花嫁衣装には、白地に銀の箔押《はくお》しや、白地に縫箔《ぬいはく》(刺繍《ししゅう》と金か銀箔使い)の打掛を用いました。初期の花嫁衣装が白装束のみか、婚儀用とある「地無し小袖」も含むのかは不明です。

そして頭上からは被衣《かづき》という白綾絹地に幸菱地文様《もんよう》の白小袖(着物)をかぶり、顔を隠します。被衣は被《かぶ》り専用の着物で、着る着物とは仕立ても異なります。被衣は後に禁止されますので、江戸初期の風俗にのみ見られます。

江戸初期の花嫁の髪形は、古風な下げ髪「すべらかし」で、眉《まゆ》には年齢により「ぼうぼう眉」「大形眉」「三ケ月眉」などがありました。

列席する大名諸侯婦人方の盛儀・婚儀用の衣装としては、江戸初期の打掛を代表する「地無し小袖」があります。主に綸子《りんず》(高級絹織物)の地を黒・紅・ベージュなどに染め分け、摺箔《すりはく》と刺繍《ししゅう》と鹿子絞《かのこしぼ》りで地の部分が見えないほどに模様で埋めつくした、豪華な彩色使いの着物です。

またお付きである高級侍女、上臈や局《つぼね》、女房たちは、白綾絹地の小袖に、白綾の帯を締め、皆頭上から被衣をかぶりました。

江戸後期には、上層の花嫁衣装は白装束となり、かぶり物は被衣から綿帽子《わたぼうし》に変わりましたが、揚帽子《あげぼうし》はかぶりませんでした。当時の揚帽子は御殿女中などの寺社参詣《さんけい》や物見遊山《ものみゆさん》などに用いられていました。現代の婚礼には、綿帽子、揚帽子、どちらも用いられています。

〔十一　祝言　夫婦初対面の場〕

いよいよ祝言の式です。待上臈は客座に座り、既に座っている花婿に夫婦初対面をさせます。花嫁は休息の間で化粧をつくろい終われば、主殿である奥の間へ出て座り、待上臈が挨拶を交わします。

次に「酒改めの役」である女房二人が出てきて、床飾りの瓶子《へいし》を持ち、下座に控えます。ほかに銚子、提《ひさげ》の女房も控えます。それから漸く「三三九度の盃」となります。

この三三九度においては、床の間が神仏が宿る祭壇の役目となっており、そこにささげられていたお神酒《みき》から、盃事《さかづきごと》を行なう形式は現代にも受け継がれています。

江戸時代の武家の屋敷はほとんどが書院造となっており、床の間が備わっていました。

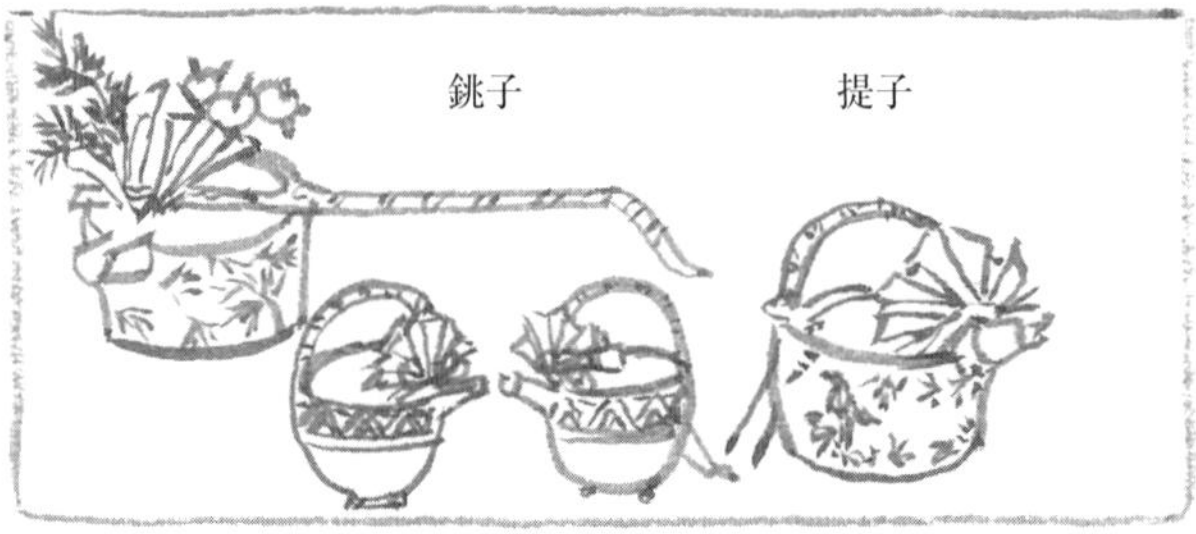

銚子《ちょうし》・提子《ひさげ》の図

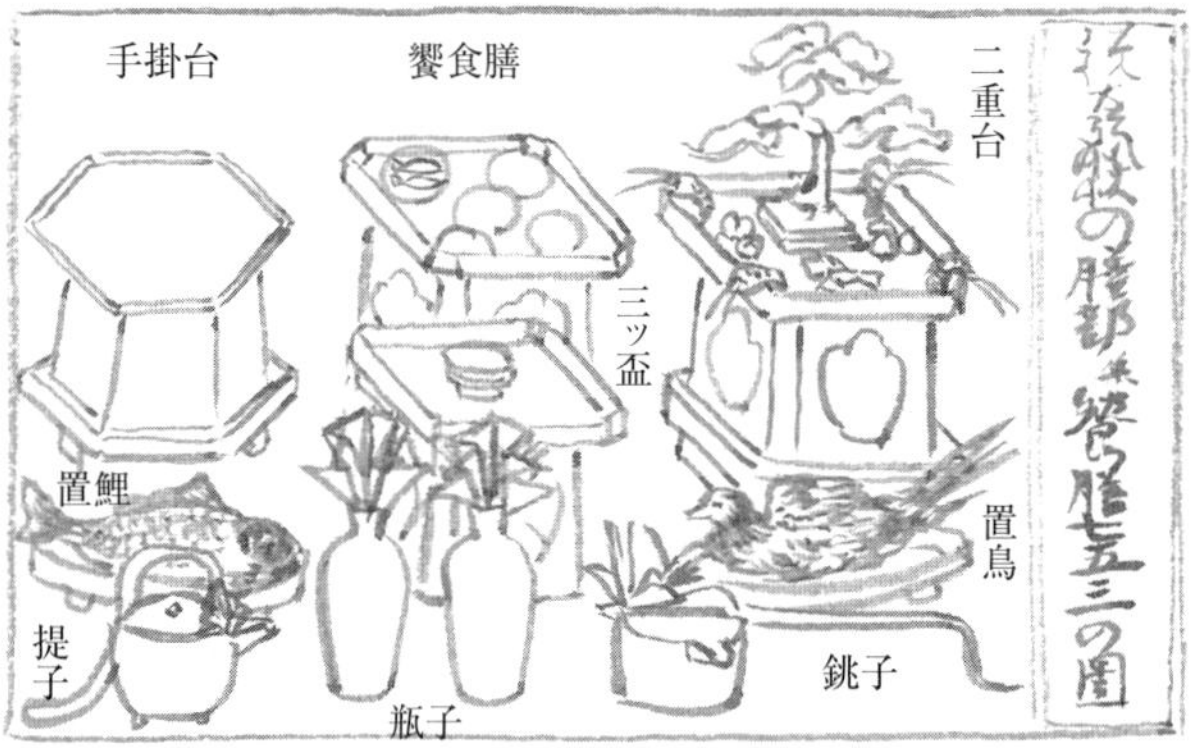

饗膳七五三の図

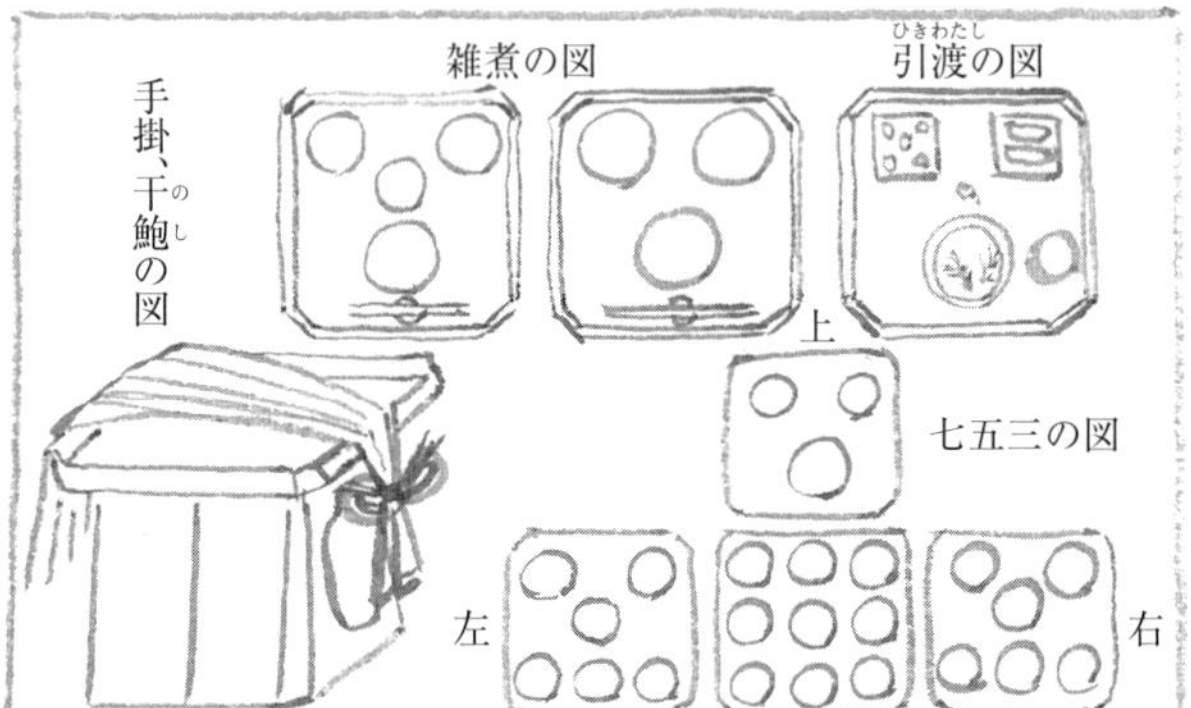

『倭《やまと》百人一首小倉《おぐら》錦《にしき》』(文政12年刊)より

蝶花飾の図

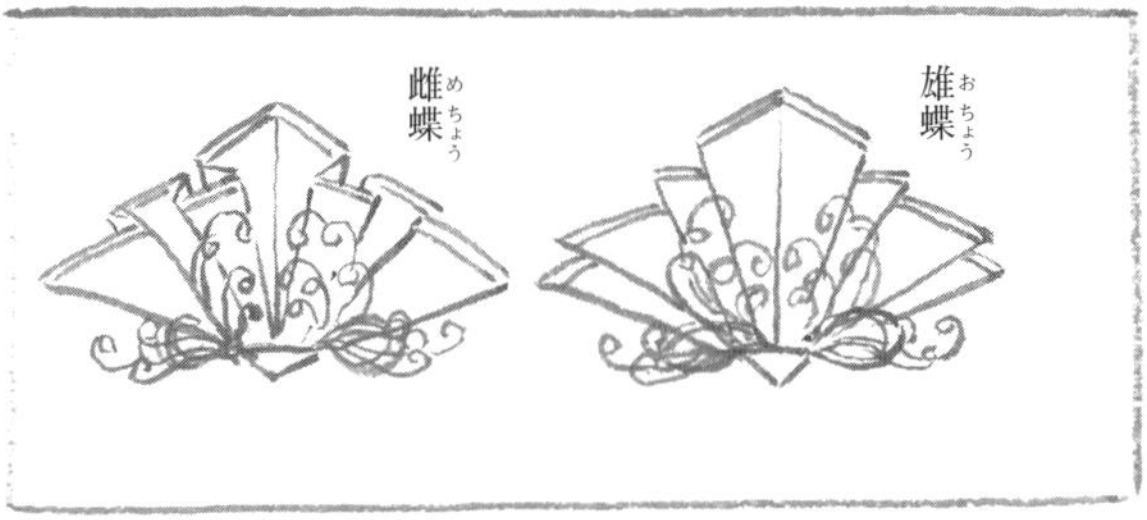

床飾《とこかざり》の図

酌人《しゃくにん》の図

『倭百人一首小倉錦』より

〔十二　盃事と饗《きょう》の膳〕

日本の儀式においては、まず肴《さかな》、次に酒、次に膳、次に酒を繰り返します。安土桃山から江戸初期の婚礼では、まず盃事である「式三献《しきさんこん》」（軽い肴となる膳も出る）から始まり、そして本格的な料理である「饗の膳」へと移りました。

やはり元の形が重要だと思われますので、安土桃山から江戸初期の婚礼式を述べた伊勢貞丈『婚礼法式』によって、盃事から饗饌《きょうせん》の儀式を記します。江戸時代の民間においては省略されて「饗の膳」のみとなっていきますので、そちらも見ておきます。

〔式三献《しきさんこん》〕

式三献は祝言の盃事で、婿と嫁と待上臈の三人が大・中・小の盃で三度ずつ酒をいただく儀式であり、現代の三三九度にあたります。次に初献から五献までの膳か、三膳までの膳が出ます。

三膳の例を示すと、

一膳…塩・はじかみ（生姜）・打身《うちみ》（鯛《たい》の刺身）

二膳（引渡《ひきわた》し）…海月《くらげ》・梅干・三盃《みつさかづき》

この引渡しの膳の時に「三三九度の盃事」が行なわれました。

三膳…腸《わたい》入り（煎）鯛《たい》

ここまでは「式三献」と呼ばれ、夫婦だけの祝言の盃と軽い膳です。そしてこの後は「饗の膳」

と呼ばれる本膳料理になります。こちらも新夫婦だけの祝宴であり、父母、兄弟、親族は立ち会いません。

〔饗の膳〕

「饗の膳」は魚鳥中心の本膳料理で、三膳に汁かけ飯などが付きました。

饗の膳は数種類あり、〝三膳〟から最高は〝七の膳〟まであります。

同じく三膳の例を示すと、

本膳…塩引（塩漬けの魚）・削鱧《そぎはも》・蛸《たこ》・焼鳥・香物《こうのもの》・えり切（するめを削ったもの）
　鯛の厚作《あつづくり》（分厚く切った刺身）・鴫壺《しぎつぼ》（茄子《なす》をくりぬき鴫を入れ酒で煮た）・帯の饗《きょう》（飯に帯のように巻いたもの）

二膳…巻鯣《まきするめ》・海鼠腸《このわた》・削昆布《けずりこぶ》・蒲鉾《かまぼこ》・辛螺《にし》燕《つばめ》□《不明》（お椀入りの貝か）

三膳…小串さし（魚の串焼き）・醬煎《ひしおいり》（摩醬《すりひしお》にした魚鳥をたれ味噌で煮たもの）・差海月《さしくらげ》上にすり花鰹《はなかつお》・腸煎《わたいり》（吸物）・海老の船盛

ここまでが婚礼二日目の夜で、夫婦二人の婚礼の儀式の終了です。もちろん介添えや酒注ぎ役は同席しました。

舅姑と花嫁の対面
三つ盃の式が終わると、花嫁ははじめて婿方の舅姑と対面し、親子契りの酒で祝う。嫁は土産の品である樽・肴・小袖などを贈り、舅からも引出物が差し出された。『類聚婚礼式』より

色直し
舅姑、兄弟姉妹との式が終わると、色直しをして祝宴となる。花嫁は白装束から赤の小袖へ。絵の左後ろの衣桁《いこう》には脱いだ白装束が掛かっている。
『婚礼道しるべ』より

〔親族との式〕

以上の儀式が終わると、次に親族との式が始まります。待上臈は嫁をつれて親族に引き合わせ、この時、嫁からは土産の品である「祝儀」（小袖、酒、肴）などを差し出します。そして式に入ります。

①舅《しゅうと》、姑《しゅうとめ》、嫁で三人盃をする。嫁二献を飲むと、舅より〝引出物として祝いの品〟が差し出される。

②打躬《うちみ》（料理）が出され、途中で姑から引出物があり、三献飲んで収める。

③腸煎《わたいり》（吸物）が出て、三人盃は終わる。

④兄弟姉妹との間にも同様の吸物、取肴を出し、盃を交換し、婿は嫁を伴って先祖の霊にお参りします。

これで祝言の式はすべて終了です。そしてお床入りとなります。夜から始まる祝言ですが、床入りは色直し・親族との祝宴の後に行なう家もあり、一定ではありません。

〔色直し〕

色直しからは皆で祝う祝宴です。色直しの宴は本儀式ではないため、気楽に自由に行なわれました。

食事は五五三の本膳料理や高砂の台（料理）などであり、燗酒・菓子へと略式にしました。最後の方に十二組菓子と濃茶が出ます。

男女共に色直しの際には、婿は礼服（身分により直垂《ひたたれ》など）から少しラフな裃に、嫁はそれまでの白装束から、「色物」といって赤地の衣服に着替えます。この色物は婿から花嫁へ贈られた衣装で、紅色の地に幸菱《さいわいびし》の地文様が入った小袖と帯一筋です。

〔婿《むこ》入り・里帰り〕

今まで見てきたように、江戸の婚礼は婿とその親族で行ない、祝宴の時にも婿方の列席者のみでした。その列席者も男子客が多く、婦人は参列しませんでした。現代のように両家が宴席に出るわけではありません。

そのかわり、数日してから花婿が嫁の実家へ祝儀の品を携えて挨拶に訪れます。これを「婿入り」といいました。家によっては、嫁方でも婿方で行なわれた祝言と同様の盃事と膳や品物の贈答を繰り返すこともありました。

婿から嫁の舅へ贈られる祝儀の品は

太刀《たち》、鞍、馬、小袖、樽（酒）、肴

姑へは

舅姑の盃『女大学教草』(天保 14 年刊)より

部屋見舞い 婚礼が終わると、親族や家来の女房などが祝儀の品を持参し、嫁と盃をとりかわした。武家や裕福な家で行なわれた。『画本万歳楽』より

部屋見舞い 婚礼の翌日は親族の女性などが祝儀の樽酒・肴(魚)などを携えて花嫁を訪ねた。西川祐信画『絵本十寸鏡』(延享５年刊)より

小袖か巻物（反物）、樽、肴

嫁の兄弟、姉妹、隠居方へは

小袖、巻物（反物）、肴、を持参しました。

大名家の婚礼の場合は、このほか、舅付きの家老、用人役人や、姑付きの家老、肩担《かたかつぎ》（輿舁《かごか》き）、女中たちなどへも、巻物（反物）、布か綿《わた》、金銀などを贈りました。

また夫婦ともに嫁の里へ行くのを「里帰り」といい、同様に祝儀の品を贈りました。

これまで上層武家の婚礼をみてきましたが、普通の武家の婚礼の場合は、床の間は飾らず、床の間の飾りは手掛台と三つ盃《さかづき》を置く程度でした。そして「式三献」の三三九度の盃事ののち、花婿は座を出て着替え、花嫁も色直しをしました。

江戸時代の武家の婚礼は、家格や財産の相違、あるいは地域の風習なども加わり様々ですが、だいたいは右に述べた上層武家の基本形式を簡略にしたものとみてよいと思います。

三　江戸の結婚　商家と農村

〔一〕商家の結婚

【店の相続は能力主義】

武家の継承は男子が義務づけられていました。ですから男児は必須です。では商家はどうでしょう……商家は女子でもかまいません。いえ女子の方が良いといえます。その考え方の根本は「能力主義」だからです。

武家が「家」の存続に命がけであれば、商家が守るべきものは「店」の繁栄と永続です。店の場合、優れた経営者が常に実子の中から生まれ続けるというわけにはゆきません。明治以降の財閥グループにおいても、創業家は引き下がり、能力の高い人たちが社長となって率いているのが

大きな商家 万徳丹の看板があるので大きな薬屋のようです。下は表である店舗、左は奥である主人の私宅。右上には多くの奉公人を抱える台所の様子。江島其磧『世間手代気質《せけんてだいかたぎ》』（享保 15 年刊）より

実状です。また一代の内でも、好不況の波は必ずあります。

現代においても、わずか三十年前には高度成長を牽引した日航や重工業グループが急降下している現状を見れば、店を永続させることのむずかしさがわかります。

ですから江戸の店の当主には、実子を廃嫡《はいちゃく》してでも、あるいは実子を外に出してでも、経営能力の高い男子を娘の婿《むこ》養子として迎えることが多かったのです。

三井家の場合、元禄七年（一六九四）に初代八郎兵衛が亡くなり、十年後に出された家則の草案には、「家」の範囲を三部門に分類しています。

第一は「本家」と呼び、初代の実子七人の家々で、そのうち長男の家はとくに「総領家《そうりょうけ》」と呼びます。第二は「取立《とりたて》の家」と呼ばれる、初代の遺産割付《わりつ》けをうけた親族の家々。そして第三は「後見《こうけん》の者」の家々で、有能な奉公人たちに家を立てさせ、「家」の中に組み込んでいます。この抜擢《ばってき》組の人々は、長年忠功を積んだ番頭の中から選ばれ、「割《わり》に入れ取立《とりた》て」た家々で、共有財産に割り入っている（所有者の一人となっている）者が、「家」の構成員に入っていました。

江戸時代の「家」や「店」の存続という時、ある特徴があります。家督として受け取った店や土地は、相続人にそっくりゆずり渡すべきものとされていました。つまり当主にとって、家督分の店と土地は家長個人のものではなくて、世代を越えて継承されるべきもの、一時的に預かっているにすぎないものなのです。ですから相続した財産は、自分が切り開いたり売買したりする土地や物件とは別の家督だったのです。

この認識をはっきりと示すものが、財産相続の形です。商家（店）では、家の永続という目標を掲げた時、最も重要なことは「分割相続による資産の細分化を防ぐこと」と考えられました。

ですから江戸の商家は長男が単独相続し、同族の家々の合議制によって運用を決め、当主に私欲や我意があって危ないとされれば当主はその地位を追われたのです。

【嫁入りの持参金】

当時富商の娘が嫁入る場合、あるいは婿養子として他家から入る場合には、持参金を付ける形が定着していました。その持参金はいったんは夫の側に入るものの、離縁の時には「道具」と共に、妻に返さなければなりません。

武家においては、家督相続のために他家に婿養子として入る二・三男坊は、持参金として数百両もの多額な費用を親は差し出しました。町人である商家においても同様です。その額は百両から千両に及ぶこともあります。

ですから商家においては、嫁や婿を取るのが、最初から持参金目当てであったり、取った後には殺傷事件まで多数起こっています。この高額な持参金は、店が実は傾いているのに繁盛しているように見せかけたり、負債の返済や再建費用にあてたりすることもできる金額でした。

大きな商家『世間手代気質』より

享保一二年（一七二七）に「大岡裁き」で落着した「白子屋お熊事件」で、その持参金の例を見てみましょう。この事件では、江戸新材木町の白子屋庄三郎の娘お熊と下女のきく、ひさがそれぞれ死罪、手代忠八が獄門、庄三郎の妻つねが遠島となり、後に人形浄瑠璃『恋娘《こいむすめ》昔《むかし》八丈《はちじょう》』に脚色されて大当りをとりました。

事件は、忠八と恋仲だったお熊が婿養子の又四郎を毒殺しようとして失敗、次に下女のきくを使って剃刀《かみそり》で疵《きず》つけようとしますが、逆に又四郎に取り押さえられて明るみに出ました。それというのも又四郎は五百両の持参金つきで婿入りしていて、離縁する際にはこの五百両を返さねばならず、お熊と忠八、母のつねが下女のきくとひさを使って又四郎に疵をつけ、きくにも疵をつけて心中を言い立て、持参金を返さずに又四郎との離縁を図ったというものでした。商売の傾いた材木商白子屋にとって、五百両の持参金は罪を犯してでも手放したくないもので、最後は江戸を賑わした事件に発展したのです。

【持参金と道具は妻名義】

嫁入り時の「持参金」と「道具」の二つは妻名義であり、妻の財産です。商家の夫の店が潰《つぶ》れて全財産を押収される場合でも、妻の衣装類やお道具類には手をつけられませんでした。ですから「道具入れ」の際には、家の大門から玄関まで敷いた筵《むしろ》の上に並べさせて、道具の覚書と合わせながら、双方で確認して奥へ運ぶという形がとられました。ここには財産の受け渡し、という意味があるのです。

では富商の妻たちはこの持参金をどんな風に使っていたのでしょうか。

井原西鶴の『日本永代蔵』には、「分際《ぶんざい》より万事を花麗《かれい》にするを近年の人心、よろしからず。嫁取り時分の息子ある人は、まだしき屋敷普請《やしきぶしん》・部屋づくりして、諸道具の拵《こしら》へ、下人・下女を置き添へて富貴に見せかけ、嫁の敷金《しきぎん》（持参金）を望み、商《あきない》の手だてにする事、心根の恥づかしき。」とあり、花婿方では富貴に見せかけるために、新しく屋敷を普請し、高価な室内道具も揃え、わざわざ下男下女を雇っています。

この屋敷普請というのは、上層ではめずらしいことではなく、新妻を迎える時に新築にしたり、建て増したり、妻用の座敷を新たに造ったりしたので、ここから新妻は「ご新造さま」と呼ばれました。伊勢貞丈『四季草』（一七七八年成立）には「よき人は妻を迎へるには必ず妻の住居すべき家を新しく造作するゆゑ、御新造といふ也《なり》」とあります。

【持参金の使い道】

また浮世草子『世間娘気質』（江島基磧《きせき》著）には、せっかく綺羅《きら》を飾って嫁入らせたのに、婚家先での夫人たちの虚栄を張った付合費に跡形もなくなり、肩を落とす花嫁の父の繰り言がありま

祝言『女大学教草』(天保 14 年刊)より

色直し(上下とも)『倭百人一首小倉錦』(文政 12 年刊)より

す。

「(銀) 九十貫目入《いり》て何ひとつ不足のないやうに拵《こしら》へて嫁入らしたに、廿《ふたつ》並んだ小袖箪笥《たんす》に、衣装の事はおいて白紙が一枚なく、恐ろしい程肝《きも》が潰れ……」。二つの衣装箪笥にびっしりと衣装を誂《あつら》えて嫁入らせたのに、着物を包む白紙(畳紙《たとうし》)さえ一枚もない、とあります。

「数々の長持共を開けさせて吟味せしに、夜着《よぎ》蒲団《ぶとん》、すずし(生絹)の蚊帳《かや》、ビロードの長枕、手道具迄、どこへやりしか一つもなく、高蒔絵《たかまきえ》の文箱の蓋のならぬ程、質の札の入つたを見て……」。文箱の蓋が出来ないほど質札があるのを見て、嫁入り道具のすべてを質に流してしまったことが発覚したのです。

そのお金の使い道は「女中付合《つきあい》(夫人同士の付合) 夥《おびただ》しき奢《おご》りにて、替り目の狂言に六間続きの桟敷《さじき》(特別席) あけさせ、役者子供への付届《つけとどけ》(祝儀金)、仕出し茶屋への支払ひ」と、互いに見栄《みえ》を張っての結末がこんなことになったのです。

当時の裕福な町人層にあっては、妻たちの遊楽が花開いており、このほかにも富商の妻たちの遊び方としてあげられているものには、十種香《じしゅこう》、歌かるた、琴、三味線、お絵かき、花結《はなむす》びなどがあります。

また当時の駕籠の使用は男でさえ医者や武士などに限定されていたのに、「内に金砂子《きんすなご》や秋の野をかきし乗物《のりもの》」を用意しての外出。芝居の桟敷席をとっておきながら見ないで帰ったり、さらに衣装で着飾るのにあきると、夫と共に遊廓の揚屋《あげや》にまで行って遊んでいるのです。揚屋は太《た》夫《ゆう》・格子など上級の遊女を呼んで遊ぶ高級貸し席でした。

持参金はこれらの遊興費に使われたようです。

【夫婦仲とお道具】

では一方、道具という資財は、どのように使われたのでしょうか。嫁ぐ時には双方ともに隆盛を誇る商家であっても、数年先は闇なのが商いの辛いところです。また持参金や道具という財産は、夫婦仲の良し悪しという微妙さにも結びついています。

たとえば商家の夫が生活にも窮《きゅう》するようになり、妻の道具を質に入れて流してしまえば、徐々に減って跡形もなくなります。この時に夫婦仲が良ければ、妻も共倒れです。でも仲が悪ければ、初期の頃に不服を言いたて、道具や持参金を持って実家に帰るでしょう。

また夫に惚れている妻であれば、妻名義の家財は差し押さえられませんから、自分の衣装・家財道具類を一切売り払って、夫の再出発の元手金として差し出すこともあったようです。

また逆に、夫が一方的に離婚したいと思っても、ふつうは持参金はとっくに使ってしまっているのが常です。離婚は妻方に返せる持参金があればの話ですから、このような場合、高額な持参金は、離婚予防の重要な役目を担っていました。

町家の婚礼 永井堂亀友《きゆう》『世間仲人気質』(安永５年刊)より

床入り
祝宴がすむと花婿・花嫁は居室に入り、待上臈の介添えでここでも夫婦固めの盃事を行なう。後方にしとねが見える。並木正三『当世化粧容顔美艶考《とうせいけしょうようがんびえんこう》』（文政２年刊）より

しかしここで注意したいのは、持参金を返さなくてはならないのは、妻側になんら落ち度がない場合だけだということです。ですから防波堤はあってなきようなもので、危ういのですが……。

ともかく最終的には夫婦間の問題となりますが、いずれにしろ持参金や四季・冠婚葬祭の衣装すべてと家財道具を持って嫁入りすることができるのは、富商の家の娘だけです。

それでは次に、商家の主人側の立場ではなく、奉公人にとっての結婚を取りあげたいと思います。

【大店奉公人の結婚】

まず最初に江戸の大店《おおだな》における奉公人の昇進制度を見てみましょう。越後屋のような大きな店には次のような年功で昇進していく職階が約十五～二十階級ありました。

一番下は十二、三歳で雇い入れられる丁稚《でっち》（小僧）、次に平役の手代、上座、連役、役頭《やくがしら》、組頭、支配、通勤支配、後見《こうけん》、名代、勘定名代、元方《もとかた》掛名代、加判名代、元〆《もとじめ》、大元〆と昇格します。

この役職名は店により異なります。

さて暖簾《のれん》分けは、最高幹部だけではなく、ある段階ごとに区切ってそれに応じて与えられます。たいていの店では、奉公人は三十歳代の手代の段階で退職しました。そして元手《もとで》銀《ぎん》と呼ばれた退職金を受け取り、暖簾《のれん》印をもらい独立することが認められたのです。越後屋を例にとると「支配」にまで上ると、これは下級幹部店員ですので、ここが円満退職を命じられる上限です。

平役の手代から数えて勤続十数年で、年齢はすでに三十代後半から四十歳くらいになります。雇主の側からみれば、奉公人としての勤めを十分果たした者たちで、特に有能な上級幹部を残して、退職する時期にあたります。

上座から組頭までの手代には、退職金として身分に応じて支給される「望性銀《もとでぎん》(元手銀)」のほか、越後屋の屋号と井桁《いげた》に三の字の暖簾印（主家と異なるもの）が、そして「支配」以上には、越後屋の屋号と、丸に井桁三の字（主家と同じもの）が与えられました。そして、上級幹部の少数のみは自分の店を持つことができました。

また上級幹部社員は、ここで結婚が許され、住み込みの状況から抜け出し、「通勤支配」となります。給与面や待遇などもさらに優遇されてゆきます。しかしお店を出る方も残る方も、支配まで上るのが難しいのです。多くは病気や死亡、盗み・使い込み・逃亡などで、厳しいお店者《たなもの》生活や出世競争などから脱落してゆくのが常でした。

ふだんは外泊など許されない奉公人生活ですし、休日は盆と暮れのみでした。私的な時間も空間もない奉公人の生活は、厳しいものだったことが推測されます。結婚前は男性だけ、職住一体の住み込みの生活であり、「通勤支配」への出世と同時に通勤と結婚が許されるしくみにも特徴があります。

しかし江戸の大店のほとんどは、京都に本店があり、その支店としての江戸店《えどだな》です。上級幹部として結婚が許されるとはいっても、その花嫁は出身地である伊勢や近江《おうみ》に居住していて、江戸に上って来るわけではありません。夫が妻に会えるのは数年に一度くらいであり、京に行く回数や期間（数日程度）は定められています。

この花嫁選びは、京の本店から指図されるのか、あるいは伊勢などの親類筋からの世話なのかは不明です。いずれにしても「結婚してもいい」というだけのもので、事実上の結婚生活ではありません。

ですから上級幹部でみごと「通勤支配」以上となった四十歳近くの番頭たちは、（ここからは私の推測です）歌舞伎の『与話情浮名横櫛《よわなさけうきなのよこぐし》』（大店の番頭がお富を妾《めかけ》として、粋な黒塀のある瀟洒《しょうしゃ》な屋敷に住まわせておく設定）のように、江戸には妾を囲っておいたと思われます。遊廓の上客でもあったことでしょう。そして五十歳過ぎて引退してから、やっと郷里である伊勢や近江に帰り、安楽な生活を夫婦で送ったことでしょう。


【奉公人双六にみる結婚と幸せ】

江戸時代の人々の奉公や結婚に対する認識はどうだったのでしょうか。それは双六《すごろく》という広く親しまれた出版物でうかがい知ることができます。様々な双六の中から商家の奉公人出世街道ともいうべき『奉公人一生道中図会《ほうこうにんいっしょうどうちゅうずえ》』(三井文庫蔵)をみてみましょう。

振り出しは奉公人の誕生である誕生松。丁稚《でっち》時代には子守の社《やしろ》、風呂の下焚《た》き、手習い坂があります。元服《げんぷく》前の少年期には律儀、賢さ、商い一筋道。十八歳頃の元服峠(元服は前髪と頭頂を剃《そ》り男髷《まげ》になる成年式)を越えると手代です。付合坂《つきあいざか》やいけずの淵《ふち》(いじわる、悪者出現)、ちゃらかし堤《づつみ》(でたらめ)、欲の淵、朝戻り道(朝帰り)などもあって大変です。

60番目に四十番頭《ばんとう》。その後は吝嗇院《りんしょくいん》(ケチ)、勘定村、廓《くるわ》村、五常の王道である(仁・義・礼・智・信)を極め、65番で首尾良く年明《としあけ》。ここが階級別でみると「支配」でしょうか。

嫁取り堂に来て、ようやく四十を過ぎての結婚です。しかしその後には白人山《はくじん》(白人は遊女)や愛妾《あいしょう》好みの囲《かこ》い、暖簾門《のれん》(ここで暖簾を頂いています)、金《かね》のなる木と続き、上りは「忠臣《ちゅうじん》別家山《べっけさん》、安楽寺」。

忠臣は暖簾分けで元手銀も取得し、別家となって老後は安楽に暮らせました、という訳です。大店の厳しさを勤め上げた少数の番頭には、極楽隠居の道が待っていたのでしょう。

【小店の商人の結婚】

さて商いをする人は、小さな規模からみると、まずは棒手振《ぼてふ》り(物売り)から始まります。肩

様々な商い 紙屋（上下２点）『江戸職人歌合』（文化5年序）より

荒神松《こうじんまつ》売り

煙草屋　夫婦共働きの図。夫は葉を刻んでいる。宝暦年間の版本より

つけ木売り　火打ち石の火は火口《ほくち》に移してから硫黄《いおう》のついたつけ木に移すが、そのつけ木売り。

に荷を担《かつ》いで売り歩き、元手も少なくてすみ、一人でもできる商売です。貸本屋、薬売り、魚売り、団扇《うちわ》売り、植木売りなど様々な商いがあります。この段階ではその日暮らしゆえ、妻帯はむずかしいと思われます。

その次の段階として、小金が貯まったら路地裏や表通りなどに店借《たな》りをして小店《こだな》を開店します。一階は店、奥や二階を住居としています。

店を持つと、店主と女房の役割はどのようになるのでしょうか。大店の場合には店である表(仕事の空間)と奥(私的な家庭の空間)とがはっきり分かれており、店の者は奥へは出入りできません。また当主の妻子たちも店への出入りは禁じられていました。

これに対して中小店《だな》では、女房も一緒に働きます。働き手の重要な一員で、版本の墨絵にも、小さな六畳か八畳ほどの店を、夫婦二人で切り盛りする姿は多く描かれています。

たとえば煙草《たばこ》屋であれば、夫は煙草の葉を刻んでいて、側《そば》で女房が袋詰めをしています。また歌舞伎の人気役者の浮世絵を売る絵草紙《えぞうし》屋であれば、女房は店番をしていたりします。

というわけで、中小店の場合は結婚して共働きというのが普通です。男性の年齢はおよそ三十歳以上かと思われます。十三歳くらいで中小店の丁稚に入り、商売の基礎を積んだとしても独立まで十数年以上かかります。また大店の手代などからの脱落者が、棒手振りや行商から商いを始めて、小金が貯まり店を持てたとしても四十歳近くになります。大店の下級幹部が円満退職させられるのが、三十代後半から四十歳頃です。

【下女奉公人の結婚】

大きな商家の女性奉公人は上・中・下などに分かれており、当家の主人やご新造（妻）の身の回りの世話をするのが上腰元です。中は台所の仲居頭《なかいがしら》などを務める家事の実力派です。そして下女は、主に井戸の水汲みや力仕事、飯炊《めした》き、洗濯などの下働きを担当します。

また逆に奉公人を出す側である、江戸に奉公に出て来る農村女性について見ると、やはり三通りあるようです。

第一は上層農の娘で、寺子屋を終えてから江戸の武家屋敷へ奥奉公に出て、二、三年間の花嫁修業的な奉公をします。第二は一般農家の娘で、村の上層農の家に住み込み、家事労働や農業を手伝います。第三は貧農家の娘で、宿場町の飯盛女《めしもり》（私娼）として年季奉公をします。第二・三は「奉公人請状《ほうこうにんうけじょう》」（労働契約書）で一年から十年間の期間を定めての契約でした。

さて東京の近郊にある立川市歴史民俗資料館の資料に、上層農の柴崎村（今の立川市柴崎町）年番名主《なぬし》、鈴木平九郎の下女奉公人の結婚に至る経緯が誌されています。ここからは増田淑美「農村女性の結婚」（〈日本の近世〉15『女性の近世』中央公論社）を参照します。

天保十五年（一八四四）二月、新規奉公のきんが住み込みで働き始める。

水運び『浮世画譜』より

朝の水汲み　女は朝早く起きて身じたくをし、髪を結ってから朝食の用意をすることとされていた。左の女性は朝日を拝んでいる所。『女論語図会』より

せんたくや・山出し下女　豊国画『絵本《えほん》時世粧《いまようすがた》』より

四月二十二日、きんが不快（産気）につき一日中引きこもるが、翌日には勤務する。

九月二十三日、「下女妊娠につき掛け合い　旁《かたがた》宿下《やどさが》り致させ　候事《そうろうこと》」。きんのお腹が目立ってきたので、当主であり雇用主の平九郎は相手について問い糺《ただ》す。この場合どうするかは裁判の先例に「下男下女の密通主人へ引渡遣ス《ひきわたしつかわ》」とあり、その雇用主に取り扱いの決定権がありました。

九月二十九日、下女がごく内輪で婚姻をして、朝から職場復帰する。

十月三十日、出産間近なのできんを家に帰す。

十一月一日、きん無事出産。

出産から三週間は、「奉公人請状」の規定により、きんの代理としてきんの母親が鈴木家の下女働きとして住み込み、当主は日雇いする。出産後三週間できんは職場へ復帰し、交替した母親は赤子の保育にあたる。

このケースはできちゃった婚ですが、当主が徳の高い方で、良い結果となりました。しかし万事このようにうまくゆくとは限らず、また別の例もあります。

幕末の嘉永元年（一八四八）鈴木家下女うたは同村伊右衛門の倅《せがれ》万吉と恋愛中で、妊娠していました。うたは実家に帰り、村の重蔵方で堕胎。その報告をうけた鈴木平九郎の指図で、同家出入りの馬方が間に入り、縁談を進めて両家の内諾を得ます。翌年には下男下女全員が交替と記されており、うたは結婚生活に入ったものと思われます。

下女、女中は子供が生まれると奉公が続けられなくなるため、堕胎が行なわれたようです。奉公人が妊娠しても、出産、堕胎、あるいは結婚できるかどうかは、当主である雇用主が判断することであり、決定権は雇用主にありました。

〔二〕婚礼道具

この項では婚礼道具を見てみたいと思います。このお道具類は、一つ一つ見るだけで当人の身分の高さ、親の財力、あるいはその趣味の性向などがわかります。そして紙の種類の多さには、驚くとともに、それぞれ何に使うのだろうと思ってしまいます。また書物類には教養の深さがうかがえます。

屏風《びょうぶ》や長持《ながもち》などの大道具から、四季の着物（小袖類）、蚊帳《かや》や黒漆塗りの洗面用角盥《つのだらい》などまで、それを持つ個人の生活や暮らし方を推察できますので、とても興味深いものです。

この道具類は、いざ離婚となった時には持参金とともに妻方へ返却しなければならない妻の財

汁物や煮物を、夜とあって行灯や燭台のもとでの料理。左手前には三方にのった干鮑《のし》が見え、客のために茶をたてる姿もある。『祝言草結び』より

祝言の料理作り 武家の台所 祝言の饗の膳作りに、華やかさの中にも慌ただしい料理人・奉公人たち。手前では鯛を調理しており、後方の賄い方では、

産でした。ですから単に家財道具を送るのではなく、荷物送りには正式な使者が同行し、先方の玄関に到着したら「荷物目録」を渡し、相手方は一品一品確認をして納めるという手続きがあったのです。

【花嫁の手元の品】

江馬務「結婚の歴史」で紹介されている『家礼婚姻世継草《よつぎぐさ》』（一七六九年）によれば、荷物送りは嫁入りの前日か二日前までにすませ、受け取る婿側は「荷物目録」を作製するのがよいとされました。ほかに嫁入り当日に手元の品を入れて運ぶ小簞笥や挟箱《はさみばこ》などがあり、挟箱には舅姑、夫、ほかの家族への土産を入れます。また小簞笥には部屋見舞の祝儀に用いる半紙、和紙入れ、「覚《おぼえ》書《がき》の帳《ちょう》」一冊を入れます。

この「覚書の帳」は入用の金銀を記すものですが、とても重要なものです。たとえば部屋見舞の返礼について「銭二匁《もんめ》三十包、銀五両十包、鳥目（銭）百銅二十包、半紙三折（水引のし付）、半紙五折ずつ」などと記し、婿《むこ》の一家、縁家、友人、知己とその軽重を知るメモとして用いました。もうこの時から嫁としての仕事が始まっています。

【上流花嫁のお道具】

以下は、「結婚の歴史」所収の『当世民用婚礼仕用罌粟袋《けし》』から紹介するお道具の数々で、特に衣類は驚愕《きょうがく》の品揃えです。

○衣装

盛儀用の衣類としては、四季の衣装を含めて地白、地紅、地黒の小袖。これは地の色が白と紅と黒の上等な着物で、豪華な模様入りです。白無垢《しろむく》（小袖の内着で、表裏ともに白絹製の着物）、黄無垢《きむく》。このほか、夏用として上質な麻布で作る帷子《かたびら》類にも、同様の色や内着を拵《こしら》えました。

外出着や日常の着物として袷《あわせ》類（裏付き）、単物《ひとえ》（春夏用の一枚着）、帯、浴衣《ゆかた》、肌着、被衣《かづき》（被《かぶ》り専用の着物）、湯具。

夜具（蒲団《ふとん》）、枕、足袋《たび》、蚊帳《かや》、寝ござ、腰帯、帽子《ぼうし》（女の被《かぶ》り物の一種で、頭にのせる綿《わた》や布のこと）、綿帽子《わたぼうし》、手覆《ておお》い、脚絆《きゃはん》、手拭《てぬぐい》、書院手拭、木綿合羽《かっぱ》、駕籠《かご》ふとん、おひへ（麻の綿《わた》入れ着物）、紅葉袋《もみじぶくろ》（入浴の際、石鹸として使った紅色糠袋《ぬかぶくろ》）など。

【お道具は女一生分の家財と衣装】

○懐中の品

匂袋《においぶくろ》、鼻紙袋、楊枝《ようじ》さし、もとゆい鏡、印籠《いんろう》（薬入れ）、香包

○紙類

嫁入り道具　左端の床の間飾りに引き続いて、花嫁の嫁入り道具が飾られている。左から貝桶《かいおけ》が二つ。御厨子黒棚《みずしくろだな》が二つ(左棚にはお歯黒道具や香道具、右棚には書物や文庫など)。衣桁《いこう》には、四季に合わせて取り揃えた礼服・外出・日常着の衣装が飾られている。『当世民用婚礼仕用罌粟袋』より

色紙《しきし》、短冊《たんざく》、薄様《うすよう》（薄く漉《す》いた雁皮《がんぴ》紙）、延紙《のべがみ》（上質の鼻紙として用いた杉原紙《すぎはらがみ》）、杉原（紙）、半紙、奉書《ほうしょ》（紙）、美濃紙《みのがみ》、丈長《たけなが》（白髪飾）、巻紙

○手道具類

琴、三味線、硯《すずり》箱、料紙《りょうし》、針差、張箱、雛《ひな》、櫛《くし》箱、櫛台、鏡、鏡立《かがみたて》（鏡台）、鉄漿《かね》一式（お歯黒道具）、毛抜、鋏《はさみ》、爪切、文箱、剃刀《かみそり》箱、手箱（身近な小道具を入れておく小箱）、手つづら、帛紗《ふくさ》（長方形の絹布）、倚懸《よりかかり》（脇息《きょうそく》の類）、乱箱《みだればこ》、小人形、犬張子《はりこ》、火熨斗《ひのし》（今のアイロン）、魚赤、かき板（裁縫で使う裁ち板）、角盥《つのだらい》（柄《え》のある漆塗りの盥《たらい》で、手洗いや歯黒めの時に使用）

守刀、水引、熨斗《のし》、絹糸、苧桶《おおけ》（麻糸入れ）、籡《しいし》（伸子《しんし》張りに用いる竹の串）、絹張、木綿糸

刻《きざみ》たばこ、お伽婢子《とぎぼうこ》（子供のお守りの一種）、団扇《うちわ》、扇、常器碗、同膳（日常に使う器《うつわ》や碗、膳か）、箸《はし》

○客の具

茶碗、茶台、盃《さかづき》、盃台、食籠《じきろう》（食物を盛る漆の容器で、食物の贈り物などに使う）、提重《さげじゅう》（花見などで手にさげて持つ重箱）、酣鍋《かんなべ》、小重箱、枕箱、菓子盆、火鉢、火箸《ばし》、手拭《てぬぐい》かけ、烟草盆、下げ烟草盆、きせる、双六盤《すごろくばん》、香道具、文台、見台《けんだい》（書見台）

○荒道具

提灯《ちょうちん》、手盥《たらい》、湯つぎ、菅笠《すげがさ》、傘、乗物（輿《こし》）、草履《ぞうり》、足駄《あしだ》、雪踏《せった》（裏が革張りの草履）、雪踏箱

○その他の道具類

御厨子《みずし》（調度・書籍などを載せる置き戸棚。両開きの扉がついている）、黒棚（女子が手まわりの道具を載せておく黒塗りの三階棚）、貝桶、荷桶、屏風、箪笥《たんす》、長持、衣桁《いこう》（着物を掛ける）、帯箱、葛籠《つづら》（衣服を入れる籠）、挟箱《はさみばこ》（着替えなどを入れ、供に担がせた箱）、行器《ほかい》（食物を入れて持ち運ぶ円筒形の容器で、蓋と三本脚が付く）

○本類

『百人一首』、『伊勢物語』、『徒然草』、『湖月抄』、『二十一代和歌集』あるいは『十三代集』、『万葉集』、『狭衣物語』、『栄花物語』、女四書（『女誡《じょかい》』『女論語』『内訓』『女孝経』）、草子類、歌かるた、貝合《かいあわせ》、小倉和歌双六《すごろく》、清少納言智恵板《せいしょうなごんちえのいた》

江戸時代には持参の嫁の道具類を、婿《むこ》の家では「道具飾《かざり》」として嫁の居間に飾り、親族などに見せることもありました。

花嫁が嫁入りに際して持参するこれらの「お道具」には、私は仰天《ぎょうてん》しましたが、読者の皆様もさぞ驚かれたと思います。現代でも嫁入りの場合には家具・備品は新調しますが、衣服や食器類は現在のものに足すなり、不足なものを新調します。結婚式や披露宴に費用がかかるため、衣服などは後日、齢が増すごとにおいおい追加してゆくのが普通です。

万積物之圖

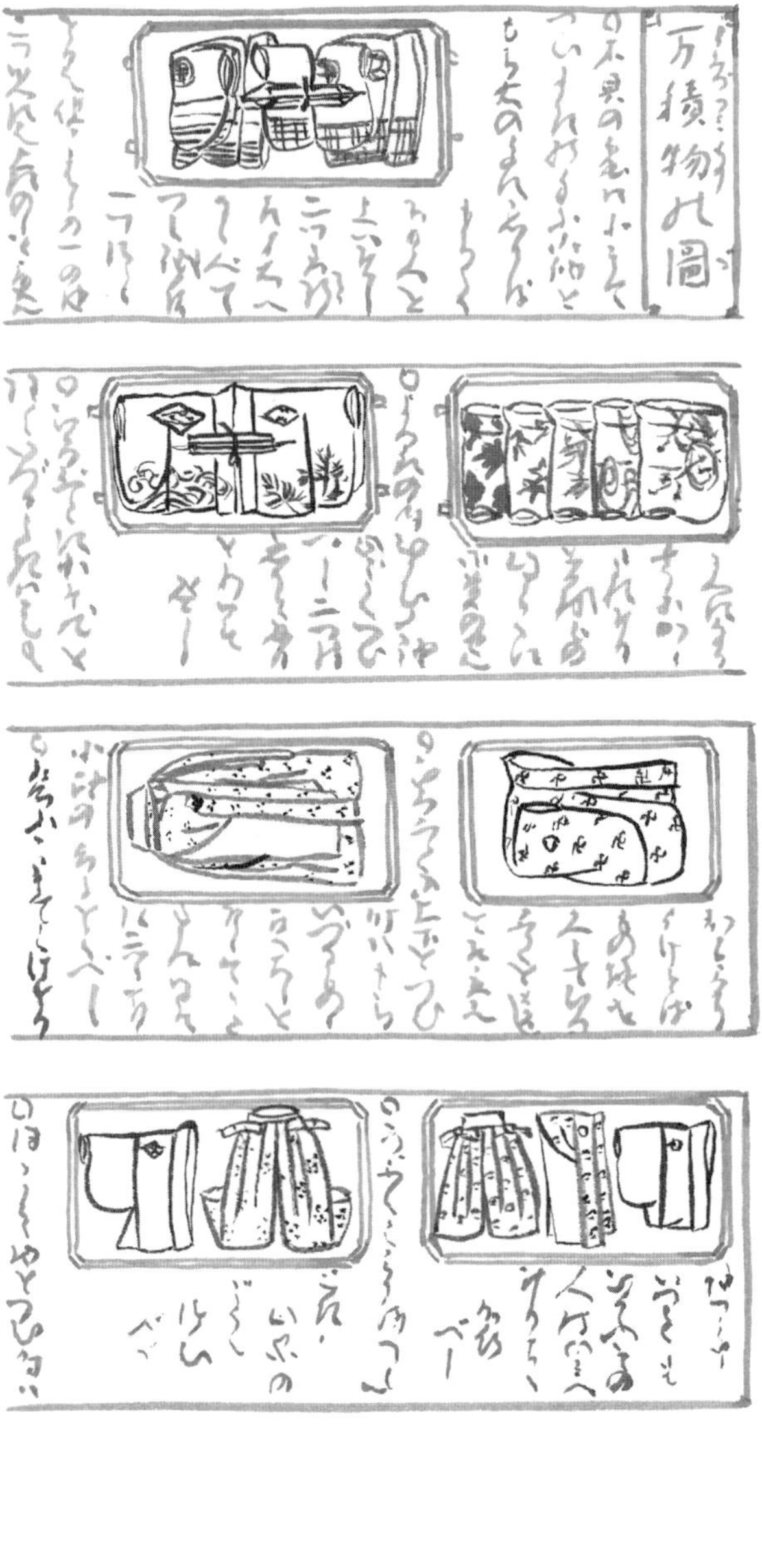

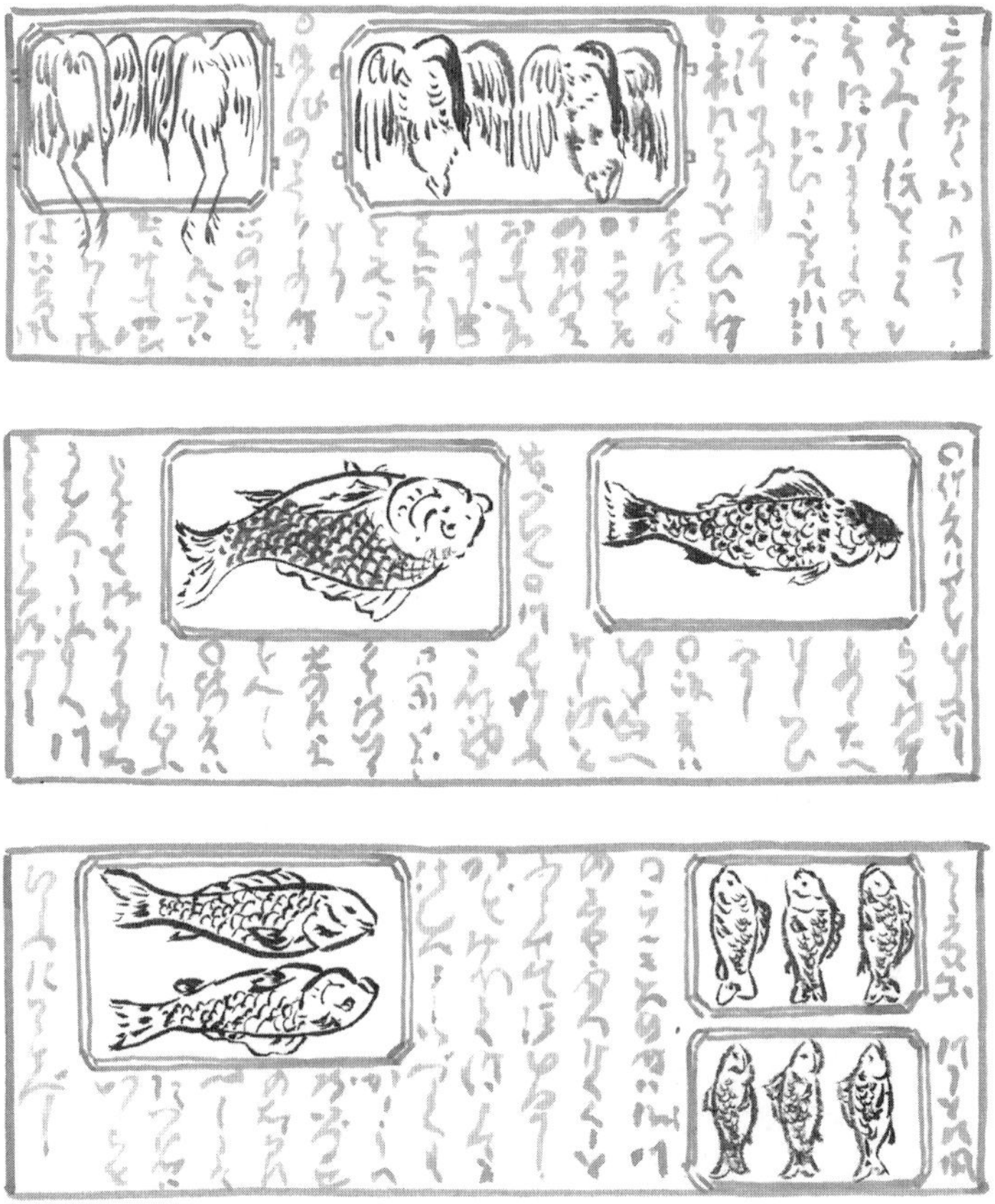

結納、積み方、その詳細『女用知恵鑑《かがみ》宝織《たからおり》』（明和６年刊）より

しかしながらこの品目を見ると、江戸時代の基本的な考え方は、今日とはまったく違うようです。当時の娘の適齢期は十六～十八歳ですが、この先十年か二十年分くらいの、あるいは一生分の衣装を、誂《あつら》えて持参したようです。

それは衣装の項目でわかります。盛儀用の地白、地紅、地黒というのは、地に全身の総刺繡や染め模様が入ったり、裾模様の入った小袖類であり、色違いで誂えたようです。白無垢《しろむく》は、そのような儀礼の時に内に二枚ほど重ねて着用し、格式と重厚感を出す白い着物です。

民間なのにそんなに頻繁に儀礼があるのかどうか……。また正月や五節句などの祝賀に召したものか、詳細は不明です。されど上は盛儀用から準礼装、外出用・日常用の表着から、下は浴衣まで、冠婚葬祭と四季の装い全てを拵《こしら》えての衣装群です。

また、こんな考え方もできます。たとえば富家であれば、毎年か数年単位で新調できたと思います。けれどもそれほどでもないなら、この衣装で二十歳から四十代か死ぬ時まで着続けることが可能です。江戸時代には年増《としま》になると、年齢に合った色味に、着物の色を変えますが、着物は染め直しができるので、娘用の朱色であったものを、歳が増すごとに、くすんだ赤とか茶系に染め直して活用します。

ですから婚礼時に作った赤の振袖などの晴着も、最初は儀礼用、次は準礼装、次は外出着と落としてゆきます。そして晴着などの生地は綾《あや》とか羽二重《はぶたえ》、縮緬《ちりめん》など、絹の柔らか物の呉服ですから、娘の振袖に作り直したり、自分の羽織用に色を染め直し、仕立て直して着用します。そのように呉服は、一度作っておけば、三十年も四十年も使い回してゆけるものなのです。

木綿物は、さらにフル活用できます。男女を問わず、日常着として、また子供着として仕立て直しができます。着物、羽織、綿入れのほか、敷布団、破れた部分の補修にも使用でき、お手玉にもなれば、接《は》いで風呂敷にもなります。浴衣なら古びれば「おしめ」、果ては「ぞうきん」と、丈夫で肌ざわりが良い木綿は大活躍でした。

どうも一生分の着物らしい……。ということは、江戸時代には持参金も同様ですが、先方に自分の費用を負担させないように配慮して、自分の着物を持参するのが常識だったようなのです。

それから解《げ》せないのは、このお道具類は一人暮らしを想定させるのであって、二人暮らしが見えないことです。現代であれば娘が独立して一人暮らしをする時に生活道具を買いそろえる、その超豪華版であることとです。

一番不思議に思うのは、客用の道具や重厚な大道具類です。客用の火鉢、烟草盆、菓子盆、茶碗、盃、あるいは屛風、御厨子、行器などです。

富家に嫁ぐわけなのですから、当然先方に客用のものも女性向きのものもあるでしょう。それも四季を揃えて持っているはずと、思ってしまいます。紙類もそうです。そんなに多品種持ってゆかなくても、先方にも同様のものがあるではないか、遠慮でしょうかと思ってしまいます。

これには次のような答えだと、なんとなく納得できます。一つ目はまず武家をはじめ、民間上層の家では、新妻を迎えるにあたっては新しい屋敷を新築したり座敷を新しく設けたことです。それゆえ夫君の家の家財は揃っていたとしても、新座敷用の家財が必要でした。

二つ目は、客用のお道具に関しては、母屋であり表向き（店、仕事場）である夫方《かた》に対して、妻は奥向きの、私的な女客が専門になります。そこで、女性趣味の優しい烟草盆や小さめの火鉢、かわいらしい茶碗が必要だったのではないかと思います。

こうしたお道具類をみると、「道具は妻の財産」ということがとてもよくわかります。なにしろこれらをお金に換算したら、数百両に及ぶであろうと推測できるからです。しかしこんなにして嫁いでも、三年して子が出来ない場合には、離縁をして実家に帰される危険性がありました。

これらの上層の階層では政略結婚の要素が強いので、あるいは妾腹、あるいは養子ということも考えられますが、いずれにしろ戻されるのであれば、この家財は一緒でないと理不尽《りふじん》です。

妻の持参金と道具に関しては、高額であり財産そのものなので、悲喜こもごも数々のドラマが生まれたようです。財産と夫婦仲、商いの盛衰、子宝のあるなし、また妻が歌舞伎役者に入れあげたり、衣装に注ぎ込む浪費等々……。最初は十代の華やかな嫁入りでも、その後は多様な人生が待っていました。

〔三〕庶民と農村の結婚

【庶民の結婚】

江戸の町人といえば商人や職人、近郊から職を求めてやってくる雑多な人々がいました。中期の江戸の人口が百万人といわれるなか、享保六年（一七二一）の調査では町方人口は五十万人ほどです。また日本全体では農業に携《たずさ》わる人々が九〇%でした。

一方、江戸には全国の藩邸が集まっていて、武家地が七〇%弱を占めていました。町地は一五%であり、このわずかな土地に庶民のほとんどが長屋暮らしで住んでいました。しかし、長屋といってもクラスがあります。平屋一棟を幾つかに割った安普請の棟割《むねわ》り長屋から、商売に成功して表通りに小店《こだな》を開くことができた小商人（二階建ての長屋の一つを借りて住む）までなど様々でした。また、長屋の大きさで一般的なのは、九尺二間《くしゃくにけん》（四畳半に小さな入口と流しが付いて計六畳の間取り）。ほかに六尺二間《にけん》半、六尺二間などもあります。

では長屋の住人はどんな人々かというと、式亭三馬の『浮世床《うきよどこ》』に描かれている路地口に張り出された看板には、小松菜売り、口入れ所（人材派遣業）、儒者、医者、易者、灸《きゅう》、姫糊《ひめのり》売り、

長屋住まいの庶民の婚礼『女重宝記』(元禄５年刊)より

りん気 遊女からの文であろうか。版本より

夫もいろいろ（左）塗物屋 版本より（右）堆朱師《ついしゅし》『人倫訓蒙図彙《じんりんきんもうずい》』（元禄３年刊）より

（２点とも）『北斎漫画』より

三味線師匠、尺八師匠、神道者、仏教者、浪人、山伏、産婆、楽隠居などがいました。

そしてやはり三馬の『浮世風呂』の湯屋にやってくる長屋の住人には、男では隠居、医者、西国者《さいごくもの》、上方者《かみがたもの》、手習の子供、座頭《ざとう》、勇《いさ》み（俠気がある威勢のいい男）、俳諧師、若隠居、上方下《かみがた》りのひとりもの、薬種屋などがいます。

女湯の方には料理屋の三十娘、年増女、老婆、子供、饒舌《じょうぜつ》な女、無愛想な女、言葉に訛《なま》りのある女、姑、嫁、上方女、女中、子守、乳母、下女、山出し（田舎出）の女中、屋敷下りの女中、常磐津《ときわづ》の師匠、義太夫語りの女房、書物好きの少女などがいます。

また深川江戸資料館には、天保頃の建物が復元されていますが、その職業には舂米屋《つきまいや》、八百屋、船宿、船頭、棒手振《ぼてふ》り、木挽《こびき》職人、三味線師匠などがあります。

【裏長屋の婚礼】

このような暮らしの中での結婚です。庶民では婚約も披露宴もないのが普通で、長屋の身近な住人たちとささやかに祝う、というのが一般的でした。そもそも土地を持たない流浪の民である江戸庶民は、武家や大商家や大農家のように守ろうとする土地と家名がありません。名字（姓）を町人と農民の全員が持つようになったのは、明治に入り制度化されて以降です。

そして家に床の間もない庶民は、神仏と関係なく、知人や近所の人々に夫婦として認知してもらうことが主でした。これが「ひろめ（披露目）」です。神仏が婚礼に関係してくるのは、これも明治以降となります。庶民の婚礼の時間帯はかつては夕方から夜にかけてでしたが、江戸中期の寛保・延享（一七四一〜四八年）頃からは昼になっていったようです。

それでは長屋暮らしの人々の婚礼当日のもようを、『浮世床』から見てみたいと思います。

「おれは商《あきな》いから帰って、今に大かた花嫁が来るだろうと思うから、豆腐を小半挺《こはんちょう》買って来て鰹節《かつおぶし》をかい居《て》る所へ御輿入《おこしいれ》よ。夫《それ》から仲人が指図して、直《すぐ》に花嫁が茶釜の下へ焚付《たきつけ》る。仲人が味噌《みそ》を摺《す》る。ソコデ仲人の懐《ふところ》から出した三枚の鯣《するめ》を焼て、三三九度《さんさんくど》よ」

結婚式当日も当人は商いに出ており、日常とほとんど変わりのない微笑《ほほえ》ましい婚礼です。ご両人が一緒になって支度をしています。当時新妻は身の回りの手荷物一つ分くらいを持ち、ふだん着で、大家《おおや》などに伴われてやって来ました。仲人には大家か隣の夫婦などを頼みます。そして形だけの三三九度をすませます。あとは長屋の連中が持参の酒や料理で祝うのがごく普通の結婚式です。当時の絵に、めずらしく長屋の婚礼当日を描いたものがあるので図示しましたが、花嫁はふだんの日常の着物であり、花婿は一応、大家に借りたらしい紋付の羽織を着ています。

職人はふだんは股引《ももひ》き、腹掛け、半纏《はんてん》姿。あるいは古い長着（着物）姿で、羽織は持てないか持っていない人がほとんどでした。ふだん着は羽織ではなく、半纏か印半纏になります。

『浮世床』では、花婿である当人は後に商いが上手くゆき、表通りに小店を持つことができま

引越女房
長屋で同棲を始めた女を古女房が隣近所に紹介している。
『滑稽素人芝居』より

舅・姑と嫁　式亭三馬『女房《にょうぼう》気質《かたぎ》異《おつな》赤縄《えにし》』(文化11年刊)より

昼寝する亭主と女房『北斎漫画』より

した。が、その息子たちの婚礼には、花嫁が白無垢を着ていますので、白無垢を着られたのは、やはり中の上以上の人々と推察します。

そして一般に花嫁が当日持参する荷物の中で、江戸の〝花嫁道具ベストスリー〟というのがあります。第一位はお歯黒用の鉄漿《かね》づけ道具、二位は手箱型の鏡台、三位は針箱です。

江戸の娘たちは結婚が決まれば、あるいは既婚となってからは必ずお歯黒をしますので、鉄漿づけ道具は必需品です。

それから針箱は、江戸と現代の家事の様相が一変しており説明が必要です。現代では家電が発達していますし、衣料は買うものとなり、家事の重点は料理に移っています。しかし江戸時代には、季節の変わり目ごとに綿《わた》入れをほどいて綿を抜き、布地は洗い張りして袷《あわせ》(裏付き)という別な着物に仕立て直すなど、季節ごとに家族分の衣料を毎回ほどいて縫い直す(これが衣更《ころもがえ》)作業がありましたので、年中「お針」をしています。

女房はおよそ衣料に関するものであれば、大人の着物を羽織や子供着に作り直したり、袖なしのちゃんちゃんこを作ったりのベテランです。そして布地はすぐ弱るため修繕をしたりと、一年中針仕事がありました。

【婚姻届】

庶民の場合には武家の婚姻届のような特定の書類はなく、翌年の「宗門人別改帳《しゅうもんにんべつあらためちょう》」に配偶者名が付け加えられるだけでした。これは現代の戸籍簿のようなもので、これで入籍となりました。

農村の場合には、少し異なります。

【農村の結婚】

江戸時代の農家は経営規模が小さく、農繁期には人を雇うこともありましたが、基本的には家族単位で労働をしています。そして相続は嫡子《ちゃくし》（家督を相続する跡継ぎ）による一子相続が原則です。これは分家による財力の拡散を防ぎ、農家の生活の安定を計るのに必要なことでした。

農家にもクラスがあり、大地主で富裕な上層農と、一家全員で働いて自立的農業経営がなんとか立ちゆくという中層農、そして自立ができず自分の農地を手放さざるをえなくなり、他人の小作人として雇われ農業をしている下層農（潰《つぶ》れ家《や》）がありました。

この上中下の階層は、たとえば娘の奉公先をみても下にゆくほど過酷となるので（「下女奉公人の結婚」八三ページ参照）、嫁選びにしても同格の家からというのが基準となります。

農家の人々がどうしても回避したかったことが二つあります。一つは年貢負担に村請制《むらうけせい》というのがあり、これは年貢は村ごとに課されているため、年貢負担に耐えられない家があると、村中

農村の女性たち（左端は花嫁）豊国画『絵本時世粧』より

で弁済しなくてはならず、小さな農家が乱立することは村にとってリスクがありました。

二つめは、自家が「潰れ家」（潰れ百姓）になることをいちばん警戒しました。経営ができる範囲の中層農での存続を望みましたので、男子が幼少とか死亡などで家が絶えるおそれがある場合には、親類や五人組に預けたり、女子に婿養子を迎えたりして、存続を図りました。

○農村婚の目的

農家は家族全員で力を合わせる一つの経営体なので、上・中層農家の結婚の目的の第一は、跡継ぎを産み、家を存続させることです。ですから子の結婚には親が決定権を持ちました。そして家と家との結びつきが大切にされ、家格を重んじ、中層農として立ちゆき、永続できるように跡継ぎの誕生を望みました。

増田淑美「農村女性の結婚」によると、この中層農の基準は、一家族で自立的農業経営ができている状態です。一年間の収穫高から年貢を納めて、来年の種籾《たねもみ》を貯蔵した上で一家が正月、祭りなどの祝いに使える米が確保できる程度の持ち高の家です（農家では通常は米は食べられず、麦飯が多く、粟《あわ》などの雑食もしました）。この中層農が継続できるように、というのが結婚に求められる条件の一つです。

○相手選びの選択基準

さて名主の娘と神社の宮司との結婚の例が「諏訪神社所蔵文書目録」に残っています（増田淑

美、前掲書)。そこでは結婚調査が、娘の兄や親族の医者により行なわれていますが、上層農の相手選びの主な基準は、

一、相手の階層
二、経済力
三、農業生産者としての能力
四、名主として相応しい人物か

などでした。この最後に娘との相性も加味されました。

【「若者組」と「娘組」】

武家や都市生活者である町人の結婚と、農村の結婚には、かなりの違いがみられます。都市の女性の気楽な結婚とは異なり、農村の女性は結婚すると、農事、家事、舅姑の介護、性の対象、とすべてをやってのけなければなりませんでした。奉公人とどちらが過酷かわかりません。が、農村婚ならではの長所もあります。この項では農村婚の特色を取り上げてみましょう。

特色の一つめは〝二人の出合い〟に関することです。

武家は上士や親からの命令婚なので、祝言の床入りの時に初めて相手の顔を見るというのがほとんどでした。大きな商家の婿養子などにしても、店を永続させるための有能な男子選びとなる

(上)馬で嫁入りする農家の嫁
(下)田植えをする早乙女
菱川師宣画『和国百女《わこくひゃくにょ》』(元禄８年刊)より

ので、これも親が決めます。箱入り娘では男子の能力の品定めなどはできません。長屋に住む庶民の場合には、職人の親方や先輩などから話をもちかけられると断わりきれなかったでしょうが、やはり下にゆくほど自分の意思は通りやすくなってゆきます。

一方農村には、農村独特のシステム、「若者組」と「娘組」がありました。村の若者たちは十五歳頃になると男子は全員「若者組」に加わり、警備・消防・災害・祭礼・芸能などの村落生活の一端を担いました。この若者組への加入は、一人前の大人になることを意味しました。

また「寝宿《ねやど》」というものがあって、結婚前の青年男女が寝起きしました。男女の寝宿どうしの交流は活発で、ここで恋愛し、結婚にいたる場合もよくありました。一方「娘組」は、十二、三歳の娘たちが加入し、民家や納屋を娘宿とし、夜に集まって縄をなったり、草履を作ったり、裁縫をしたりして技能を修得します。若者組も娘組も結婚すると脱会しました。

若者組に関しては、農業、林業という職業と深く結びついています。農業は基本は農家の一家族が単位であっても、田植えや稲刈り、葬式など、村の生活には互助的な協力態勢が不可欠です。堤防を築いたり、茅《かや》の屋根葺《ふ》きを村の全員総出で行なうという時に、いつも出てこない男には、村の秩序を守るために厳しい制裁（村八分）も行なわれました。

このような状況下、農村の若い男女は若者組や祭り・行事の準備などで交流の機会も多く、江戸時代の中では自由な恋愛がしやすく、また結婚にも至りやすい環境だったと思います。娘たちは、男子の農業者としての能力や性格、組の長《おさ》としての能力などを間近で知ることができたと思います。

【現代の婚活〝囲い込み漁〟】

最近ヒットした山田昌弘・白河桃子著『「婚活」時代』（ディスカヴァー携書）の中で、婚活に成功する基本的方法として明言されている〝囲い込み漁〟と、農村の「若者組」は、なぜかそっくりです。こんなところに時代を超えた共通点があるなんて不思議な話ですが、男女の間ではいつも出合う時間や場所、回数が多くなるほど、恋愛に至りやすいようです。農村の娘や青年たちには、現代のような自由さと伸びやかさがあったようです。

このほかの若者組の美点としては、婚姻は両家の同格が基本なので、家格が合わないと反対された時に、若者組が嫁盗《ぬす》みをして応援態勢をとりました（娘をさらって好きな青年の所に持ち込み、後で親に交渉したのです）。

【農村ならではの特色】

仲人と行商人

村落における通い婚の範囲は、江戸時代末期でも半径《はんけい》三里に収まるのが通常のようですが、他村からの嫁入りもありました。昔、村落は孤立していたため、

収穫の様子 左は搗《つ》き臼《うす》での籾摺《もみず》り。中央は箕《み》による籾殻《もみがら》と玄米の選別。
農村では田植えから草取り、収穫まで家族総出の共働きだった。
石川流宣画『大和耕作絵抄』(元禄年間刊)より

『北斎漫画』より

適齢期の男女の数は限られ、配偶者を得ることは簡単ではなかったようです。このような時には行商人が仲人の斡旋《あっせん》もしていました。青森県の津軽地方や九州地方などには、結婚のために斡旋をしていた事例が数多く見られます。

正式仲人

行商人はもともと農事や技術などの情報を伝えた人たちで、正式仲人ではありませんでした。農村に限らず、正式な仲人と新夫婦とは、親子関係のようになります。その仲人夫妻の役割はいさかいを調停したり、子の誕生祝い・初節句・七五三などの通過儀礼で親方を務めます。ですから正式の仲人の存在が、正式な結婚か野合かを区別する基準ともなりました。ゆえに仲人には双方の家よりも高い社会的地位や指導力・経済力が求められ、村社会でこの条件を満たしたのは村役人層でした。

他村婚には届け出が必要

江戸時代の農村では、領主の違う村の農民と結婚する場合には、相手の領主や村名主に届け出る必要がありました。

他村へ嫁入りをする際には、二つの書類が必要です。寺からは「人別送り状」を、村名主からは「送り一札」をもらいました。「当村の人別から除籍したので、そちらの村方の人別に加えて下さい」という意味の書類です。夫側の村名主は受取状を出してから、村の「宗門人別改帳」に記入します。

村人たちから嫁への祝儀金

前述の「諏訪神社所蔵文書目録」で見た名主の娘と神社の宮司の婚礼については、「祝儀祝納帳」という、村人たちや寺子屋の子供たち一同からの祝儀金が載せられたものが残っています。

花婿の宮司は宮本塾という寺子屋の師匠でもあったので、教え子の子供たち一同十八人から、銭三貫五百文と半紙各一帖ずつが贈られています。

村民五十九人からは金三分と銭十貫八百文が届きました。

さらに「嫁へ祝」として、重立《おもだち》百姓四名と花婿の母方の実家（別の村）二件を含めた十八件から、合計銭三貫四百文が贈られました。

これは名主の娘の婚姻なので、これだけの村民から祝福してもらえたのだと思いますが、当時の村集団の結びつきの深さや子供たちの思いも含まれ、都市の町家のそれと比べると素朴ながらも情の深さがうかがえます。

四 お江戸の縁談もろもろ話

江戸時代の結婚では、多くの場合まず縁談が世話人や仲人《なこうど》から持ち込まれます。次に、相手方の調査である「聞合せ」を行ない、町方では「見合い」もありました。富裕な商家では「持参金」をつけ、それから「結納《ゆいのう》・祝言」となります。

【仲人】

媒介人である仲人は、江戸時代に多くなりました。親類や知り合い、医者などが務め、後には商売としての仲人業も出現しました。家格のつり合いを第一に相手を選び、〝草鞋《わらじ》千足〟と言われたほど奔走して、両家の橋渡しをしました。

仲人の役割としては、相手選びの次に持参金の額の交渉が重要で、見合いの段取りを決め、結納を経て婚礼へと両家の間をうまくまとめていくのが仕事でした。

また仲人が活躍するのは主に都市部においてであり、地方や農村では同じ村落内での知人同士の結婚が多く、ほとんど必要としませんでした。一方、都市では、多過ぎるほど人はいても、誰かの世話がないと縁談には進みません。

これは現代とも非常に似ていて、恐いくらいです。戦後のベビーブームや高度成長期には見合いで結婚する人がほとんどで、親戚や世話好きなおばさんが仲人役となっていました。その後都市化と核家族化が進み、ドライな恋愛・結婚観が主流となり、見合いや仲人は嫌われて減少の一途をたどりました。

近年では結婚率が下がり、晩婚、少子化が問題となっています。ところがここへ来て、景気低迷の長期化を背景として、若者や熟年層の間で再び結婚に光が当たっています。情報化社会とあって、現代の仲人として脚光を浴びているのは、「結婚相談所」です。昔はなにやらうさん臭げな印象もありましたが、やはり縁故のみの個人の情報力とは雲泥の差があります。しかし大変プライベートな情報ですので、相談所選びには注意が必要です。

さて江戸に戻ります。仲人の条件としては、縁談持ち込みのほかにも、たとえばある商家で表面上は商売がうまくいっているようでも、内部のことまではつかめない時などの情報収集力が必要とされました。また祝言の介添えである待上臈《まちじょうろう》を兼ねる場合などは、式次第《しきしだい》（進行の手順）が複雑すぎるので、過《あやま》たずに進行できる知識や教養も必要でした。

そして仲人への礼金は「十分一《じゅうぶいち》」と言われるほど高額であり、仲人業が商売として成り立っ

武家の台所　武家では下級であっても常に奉公人がいた。奥には女の奉公人がおり、女主人が監督した。『女諸礼綾錦《おんなしょれいあやにしき》』(天保12年刊)より

縁談『女大学教草』(天保 14 年刊)より

(下3点とも)『北斎漫画』より

てゆくことになります。持参金の十分の一ということで、普通は五十両や百両の持参金に対して、五両（五十万円）や十両（百万円）が多かったようです。

こうなると事実を曲げたり、嘘やだましに近かったり、相手を美化・誇張したりして礼金の恩恵にあずかろうとする仲人も多く出て、問題も噴出したようです。

「娵《よめ》の年捨鐘《すてがね》（三つ）ほどは嘘をつき」（『柳多留拾遺《やなぎだるしゅうい》』）

年齢を三つ低くいうくらいはザラ。三十二歳を二十二歳などと十歳ほどは平気で若く言ったようで、当日にそれがばれて大騒ぎになったり……。

「瓜ざねを見せてかぼちゃと取つかへる」（『柳多留拾遺』）

見合い当日には瓜ざね顔で美少女の妹を見せておいて、祝言にはかぼちゃ顔の姉が嫁ぎました……。

婚約するにあたっては、あらかじめ両家とも互いに相手の家について調べました。項目は、血統・家の由緒・財産、店の経営状態や内々のことなどです。

また家族一人一人の性質、親族、交友関係、宗教などを、仲人や近隣の家やつてを頼って調査しました。

【見合い】

現代の見合いは出合いであり、ここからが始まりとなりますが、江戸時代には見合いした時点で、ほぼ決定しており、相互確認のために便宜上の「見合い」が行なわれました。会ってから容姿が気に入らないから断るというのは、よほどでないとなかったようです。

なぜなら現代の恋愛婚と違い、家同士の結婚であり、それは親が決めるものだったからです。もちろん例外はあります。

見合いは仲人が段取りをしました。場所は「水茶屋」が圧倒的に多く、浅草寺《せんそうじ》の仁王門前に立ち並ぶ水茶屋とか、上野の花見の際、あるいは歌舞伎の芝居小屋なども多かったようです。ほかに神社の境内《けいだい》や知人の家などもありました。

江戸の見合い風景

当時の見合いは、当人同士が会って話をするというものではなく、相手の男が水茶屋で腰をかけて茶を喫していると、娘が供人《ともびと》連れで通り過ぎるというものです。双方目を合わすのを避けていたため、仲人や供の者から「あのお方でございますそうな」などと助言が入りました。

見合いのシーンは絵にも描かれており、水茶屋や神社の境内におけるこの様子を、浮世絵などで見ることができます。娘にしてみれば、男が間近にせまってから通り過ぎるまでの時間は、緊張状態になっているでしょうし、あっという間の夢うつつの時間なのでしょう。自分の方から相

縁談『女用千尋浜《おんなようちひろのはま》』(天保 14 年刊)より

見合い『女大学教草』（天保 14 年刊）より

手の顔を見るゆとりがあったものかどうか……。

見合い場所の考察

江戸の人たちが「上野の花見」と言って親しんだ東叡山《とうえいざん》寛永寺は、江戸を代表する桜の名所でした。通常庶民の入山はできませんが、この桜どきに限って黒門から入山を許され、寺内の桜並木を見物できました。この寺は徳川将軍家の墓所のある菩提寺でもあります。門主は皇室から宮様が降下され、また将軍自ら寛永寺へ墓参もするという「別格の寺」でした。

他所の桜の名所である隅田川沿いの桜並木や飛鳥山《あすかやま》の桜の方では、三味線などの鳴り物や唄で賑わいますが、上野は鳴り物などは一切禁止でした。酔って乱暴などすれば、山内を見廻っている「山同心」が取り鎮めに来ました。

このように格式を誇る場所であり、桜満開の中での着飾った男女であれば、恋の花も咲こうというものです。しかしながら唯一の弱点がありました。桜の開花は一週間だけです。天海僧正《てんかいそうじょう》は、なるべく皆が長期間楽しめるようにと、いろいろな品種の桜を植えてくださったので、一カ月ほどは入山できたかもしれませんが、惜しくも期間限定付きの見合い場所でした。

次は歌舞伎芝居小屋での見合いです。ここは華やかさと非日常性という点では、高得点の場所です。しかしながら負の要因もいくつか挙げられます。

まず江戸の歌舞伎見物というのは、現代のように毎月、それも年間通しでやっているわけではありません。芝居小屋が興行を打つのは年に四回くらいであり、休業月もありました。

そして最も気になるのは、相当に高くつくことでした。たとえば商家の者がお得意様の接待で歌舞伎見物をした時の金額は、二〜五両（二十万〜五十万円）ほどになります。遊び方により、この額は全然違ってきます。

江戸後期の歌舞伎三座の場所は、すべて江戸郊外の浅草、浅草寺の裏手にあり、見合いのために商家の一行が行くとすれば、屋根船で隅田川をさかのぼることになります。当然、小屋に隣接する芝居茶屋（休憩のための一日貸し室）を予約し、食事やお世話代なども含めると高額な出費になります。

そして費用もさることながら、次には時間の問題もあります。江戸の歌舞伎は明け方四時から夕方の五時頃までで、早朝から夕暮れまで一日中演じられています。その間のいいところだけを見るものですが、なにしろ遠いのですぐ帰るわけにもゆきません。このように歌舞伎小屋での見合いは、昼日中から遊んでいられて、見合いのために両家ともに数十万円も出せるという富裕層に限られました。

という訳で、やはり庶民の見合い場所には、手軽で雰囲気やイメージが良く、人気スポットでもある水茶屋と神社の境内が上位にくるのはうなずけます。そして江戸の人たちの見合いでは、男が見初《みそ》める間《ま》のとり方が、やはり〝粋〟なのだと思います。パッという一目見た瞬間が勝負で

見合い『女用文章初音錦』(万延元年刊)より

見合い『女万歳宝文庫』（天明４年刊）より

す。いつまでもぐずぐずしていない。男子に異存のない時は、扇子を仲人を通して娘方へ贈らせました。また「あんな娘は嫌だ」と思えば、先に席を立ったそうです。

【結納】

結納は室町時代頃からあったものの、江戸中期を過ぎた頃から、衣装や金銭、縁起物の品々を贈るようになりました。結婚が決まると、婿方から嫁方へ使者を送り、契約の徴《しるし》として金品を贈ります。

商家の場合、結納の使者に立つのは番頭、親族、仲人、昵懇《じっこん》の人たちの中から選びます。使者は裃《かみしも》などの正装で、荷物持ちの供《とも》の者を連れて伺います。

嫁の家へ着いたら使者は、供の者に玄関へ品物を並べさせます。並べる順序は最初に小袖・帯・肴《さかな》（魚）・樽（酒）。次に舅姑小舅《こじゅうと》（嫁の兄弟姉妹）への贈物。次に女中、雇人への贈物の順でした。

当時、男子が嫁方へ贈る結納は、娘の小袖や帯、祝いの品のほか、舅姑から親族、奉公人に至るまで金銭や品物を贈りました。

そして逆に、嫁が嫁いだ時にも、先方の舅姑、親族、相手方の表向き（仕事）の雇人、奥向き（家庭）の雇人、女中にまで〝土産《みやげ》〟として同様の小袖や帯、反物《たんもの》、金銭などを贈りました。

次に「目録」を出して、先方を代表する人に渡し、さらに金子《きんす》なども渡して、口上《こうじょう》を述べます。

先方では受け取り後、これらの品を全部床の間や座敷に飾りました。

当時の礼法には真《しん》・行《ぎょう》・草《そう》と、それをさらに上・中・下に分けた、合わせて九通りの礼法があり、階級に合わせて結納の品も荷物の質・量なども変わりました。これは一見身分制のようですが、実際の出費という面では合理的な方法ともいえます。

岡田玉山『小笠原諸礼大全』（一八一〇年）による結納の上・中・下を示してみます（江馬務、前掲書より）。


（上）練《ねり》の小袖（打掛の下に着る絹の着物）一《ひとつ》、縫箔《ぬいはく》の小袖（刺繍《ししゅう》と金箔《きんぱく》を併用した豪華な表着の小袖）一、唐織《からおり》の小袖（中国渡りの、多彩で厚く刺繍などの入った小袖）一、惣箔《そうはく》（全体に金箔模様の入った小袖）一、幸菱白綾《さいわいびししろあや》（地模様のある白の絹小袖）一、以上三重《みつがさね》、樽、肴、**七荷七種**
　※右の着物を用意できるのは大名層、富裕層でした。
（中）練《ねり》小袖一、板の物（帯）一、縫箔一、幸菱一、以上二重《ふたつがさね》と**五荷五種**
（下）白小袖、色の小袖一、三**荷三種**

右より簡略なもので中井竹山『草茅危言《そうぼうきげん》』（一七九一年）による結納品の上・中・下は、

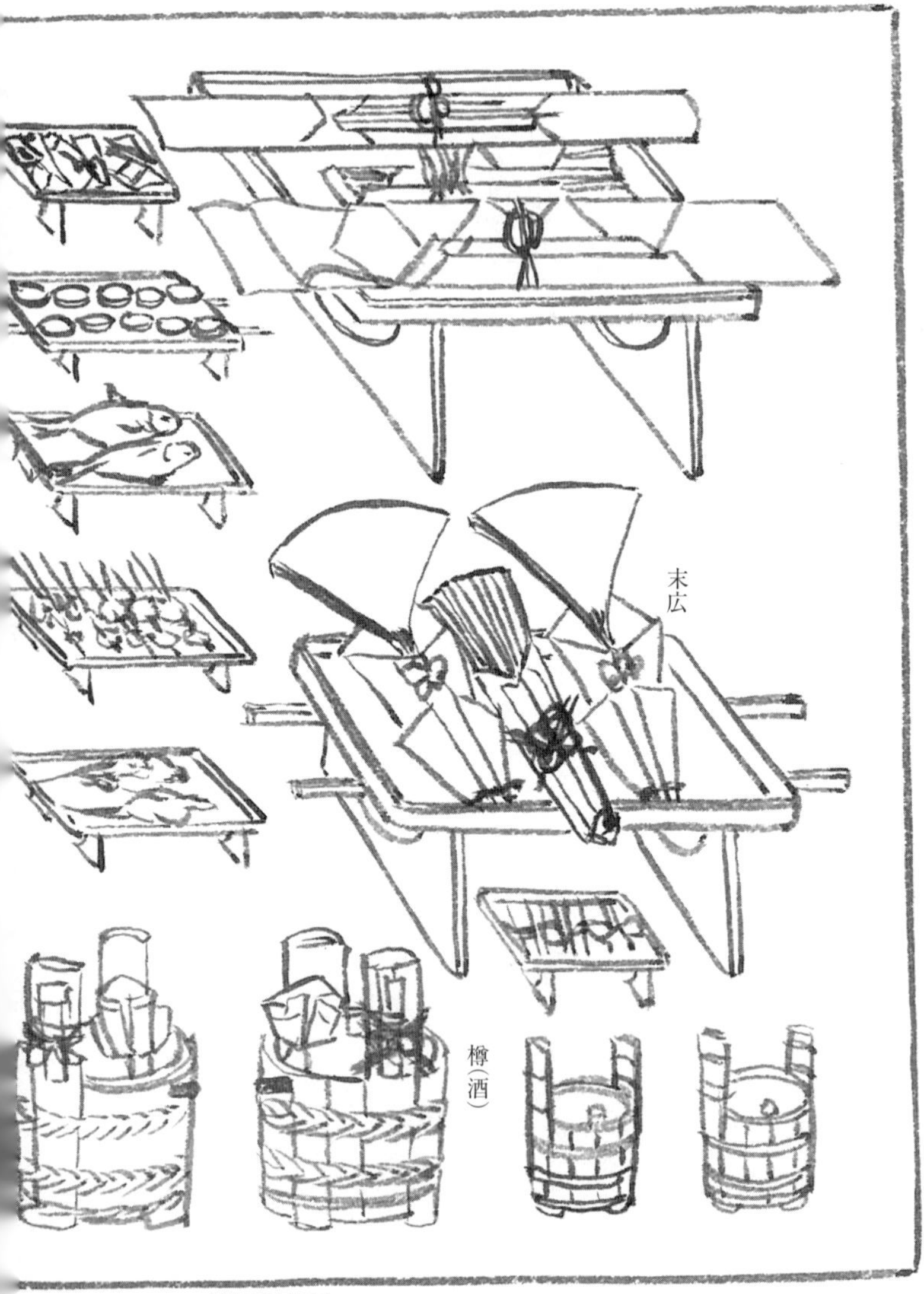

結納品『類聚婚礼式《るいじゅうこんれいしき》』より

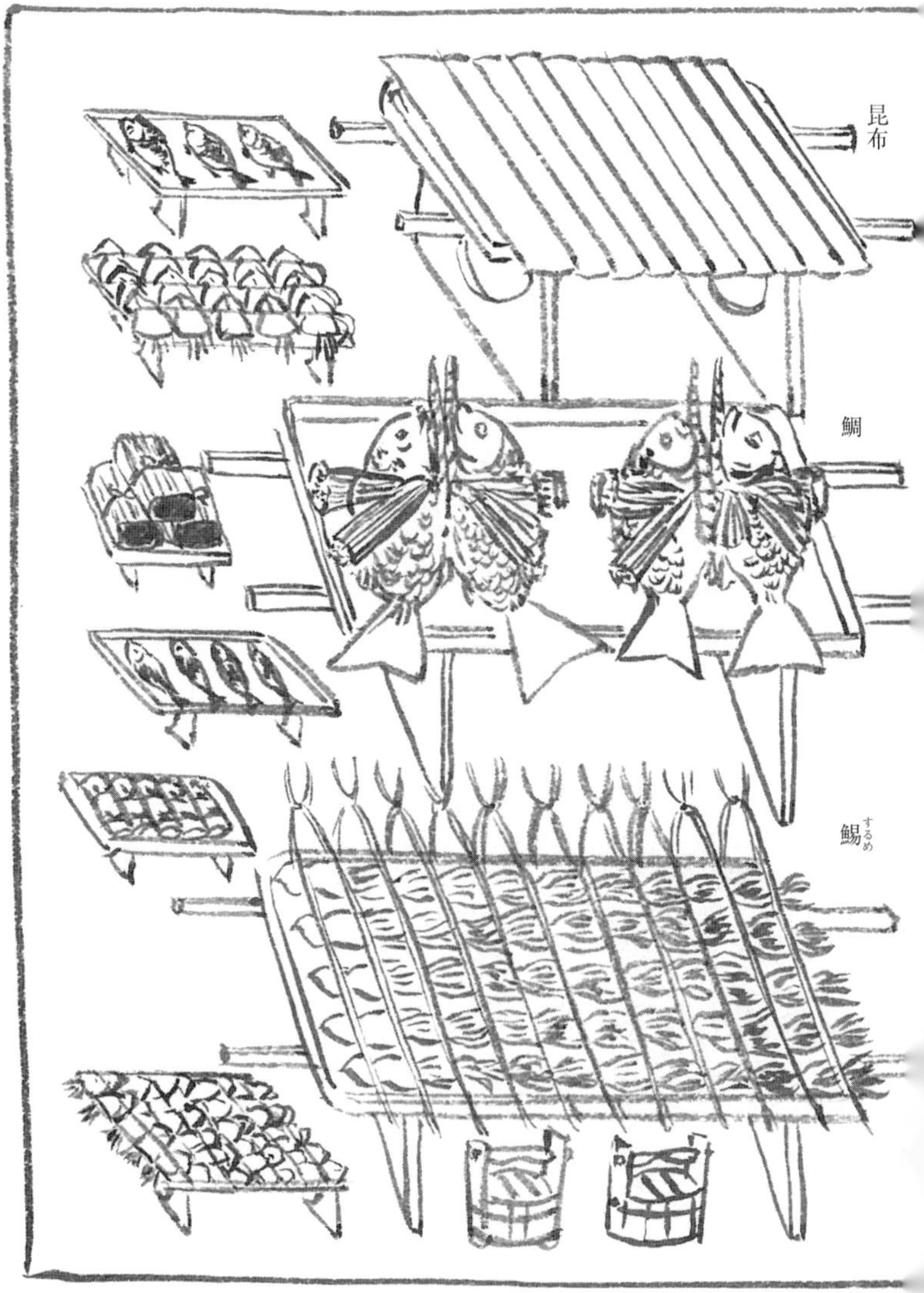
昆布
鯛
鯣《するめ》

（上）樽（酒）、肴、熨斗昆布《のしこんぶ》、絹綿の三品まで、
（中）樽、肴、絹綿、のうち一品、
（下）樽、肴のみ、
となっています。肴には塩鯛や鯣《するめ》が好まれました。結納品の絵にもこの二つは多く描かれています。

【妻の呼び名】

江戸時代の妻に対する呼び方は、身分や階級により分けられていました。当時は夫と妻という個人単位の生活ではなく、他人の一家へ嫁として入ってゆくわけですから、初日から舅姑との生活が始まります。夫や舅姑に仕えながら家事、育児、さらに武家や商家であれば、奥向きの奉公人の取りしきりなどを務めました。

武家は登城する際には、階級別に必ず規定の供人《ともびと》をつけるよう定められています。「大名」は家禄が一万石《ごく》以上であり、「旗本」は禄高一万石未満で御目見《おめみえ》以上の格式を有する者、「御家人」は御目見以下の者でした。

ある二百石の与力の家族構成は、隠居である夫婦と、養子夫婦、その倅《せがれ》と養女の六人家族でした。ほかに供人として、若党一人、中間《ちゅうげん》二人、塾生（書生）一人、下女二人の計六人、合計

十二人で暮らしていました。

ごく普通の中・下級武士、たとえば百石（俵）取りの御徒士《おかち》などの場合、登城や外出時の供人には槍持、中間の二人、そして家庭内では下男・下女の二人であり、主人夫婦を足すと合計六人の生活です。

つまり、当時は百石取りの御家人でさえ、四人を召し使っていました。武家であれ中級以上の商家であれ、よほど下層でなければ、必ず小僧や召使い、老夫婦との大家族であったのです。今日のような単体の核家族ではなく、プライベートもなく、常に他人と接する中で暮らしていたということなのです。

そのような状況の中で、妻の呼び方は次のように細かく分かれていました。

将軍の妻――御台所《みだいどころ》
大名家――御内室《ごないしつ》・奥方《おくがた》
旗本――奥様
御家人――御新造《ごしんぞう》
上層の町人――御新造《ごしんぞう》・お内儀《ないぎ》
町方――女房
庶民――おかみさんが一般的。かかあ、おっかあ

五　出世双六に見る娘の幸せとは？

江戸時代の嫁入り前の娘たちは、何を夢見ていたのでしょう。そして彼女たちの幸せとはいったい何だったのでしょうか。当時の双六《すごろく》からは、世間一般の娘たちが憧れたもの、女の出世、また親も一緒に夢見たものを知ることができます。上《あが》りは「万福長者」または「大奥や武家の奥女中」でした。

また双六の途中で登っていく間には、様々な職業や身分があります。辛い仕事や立場に落ちて一回休んだりして、興味深いものです。江戸の女の幸せとはいったい何だったのでしょうか。渓斎英泉画『新板娘庭訓出世双六《しんばんむすめていきんしゅっせすごろく》』を例にして探っていきましょう。

これは江戸後期の天保十四～弘化四年（一八四三～四七年）のものです。振り出しは生娘《きむすめ》、おてんば娘、花嫁、女房、妾《めかけ》、お召《めし》使いの六タイプあり、そこからスタートします。

下の段階は、３Ｋのきつい職業や、年少者の仕事。中段では習い事やイメージの良いものなど、バラエティに富んだ職種が展開されています。そして上《あが》りに近づくほど武家や大奥の職階となっていて、上りは「万福長者　極楽隠居」です。江戸の女子たちにとっては、華やかでステイタスの高い御殿勤めを経験し、悠々自適の豊かな老後を迎えることが夢とあります。
では、段階的にみてみましょう。

〈下段〉
○子もり
○お乳母《うば》どん
○おさん
（奉公人でも水仕事などの下級の下女）
○ごぜ
（盲目で三味線と唄で生きる）
○遣手《やりて》
（遊女の世話役であり指南役）
○糊売《のりう》り
（洗濯時に使う糊を売り歩く婆。低賃金）
○飯盛《めしもりおんな》女
（旅籠《はたご》の宿で飯盛もするが、夜は私娼でもある）

〈中段〉
○おてんば娘
○生娘（嫁入り前の娘）
○花嫁
○妾（武家や町人の愛人）
○針いしゃ
○取り上げ婆（産婆）
○姑《しゅうとめ》
○女房
○山の神（恐い女房）
○茶屋女
（水茶屋〔喫茶店〕の給仕で、美少女、看板娘も輩出）

〈上中段〉
○お針
(武家、町方とも、裁縫の専門職)
○お末《すえ》
(大奥や武家奉公の内、水仕事など一番下の身分)
○手習師匠《てならいししょう》
(女性で寺子屋の師匠)

○中働《なかばたら》き
(商家や料理屋の中居《なかい》など、女奉公人のうち、中クラスの者)

〈上段〉
○お局《つぼね》
(大奥や奥女中で高位の女性)
○御新造《ごしんぞう》
(嫁いだ時に、家を新築してもらえるほどの富裕商家の新妻)
○お召使い
(武家奉公か町方奉公人の上腰元)
○お中老《ちゅうろう》
(大奥の最上級職)
○上り
「万福長者　極楽隠居」

〈下段〉にはきつくて辛い、あるいは重労働で低賃金の職が並びます。ごぜ、遣手、飯盛女、下女のおさんなど。当然、皆ここにゆきたくはない。それでは次の〈中段〉クラスはどうでしょう。〈中段〉には、生娘、茶屋女、花嫁、女房、姑《しゅうとめ》など、江戸の一般の人々が挙げられています。現代においてさえ、女子の正社員はむずかしいわけですが、江戸時代の女子といえば、ふつうは、十五歳から十八歳頃までに嫁ぐのが当たりまえで、ここが結婚適齢期です。仕事で身を立てようなどとはまったく思わないし、また女性の仕事そのものが確立されていませんでした。

江戸の女子にとって、結婚は就職先であり、生活手段だったのです。今まで見てきましたように、江戸の社会は格差社会であり、階級社会です。武家、商家、農家を問わず、結婚はまずは同格の家柄から……で始まりました。

ところがそのようにしてふつうの結婚生活を始めても、人生においては波瀾万丈があるものです。裏通りの夫婦で始めた小店から、成功して表通りに店を構《かま》える者もいれば、数百両の持参金を持って大店へ嫁いだのに、羽振りがよいのは見せかけだけで、最初から持参金目当てで店の負債にまわす家もあります。その女性たちの人生の狭間《はざま》に、奉公がありました。それも口入れ屋の紹介で行く低賃金の年季奉公がほとんどでした。

さて、そこを抜け出して〈上中段〉に行くと、この辺からがやっと職業っぽくなってきます。まず、お針という裁縫の専門職があります。これは町方から武家、大奥まで採用しています。現代の家

新板娘庭訓出世雙六

おてんば娘
一
三
五
ふり出し
一 きむすめ
四 女房
二 おてんば娘
五 めかけ
三 花よめ
六
おどり子娘
子もり
二
四
六
おうばどん
二
四
六
おさん
二
四
六
ごぜ

花よめ
きむすめ
とりあげ婆
針いしゃ
めかけ
めしもり女
のりうり
やり手

万福長者極楽隠居
おすえ
おはり
やまのかみ
女房
しうとめ

※原図とは異なっています。現代の人にわかりやすいように同じ階層をまとめ、また名称も現代表記を用いています。

事の主力は料理ですが、江戸時代には衣更《ころもがえ》に伴う裁縫が大きな比重を占めていました。

冬はもちろん夏が来れば、着物をほどいてから洗い、袷《あわせ》の裏付二重の状態から、一枚の単《ひとえ》に縫い直します。これを年中やっているため、江戸の女性たちは老いも若きも、皆裁縫ができました。そうした状況における「お針」という仕事のプロなのですから、相当に仕立て方が上手ということです。

次は手習師匠です。江戸では手習塾や手習所、上方では寺子屋と言ったようですが、女性ながら、読み書きや学問を子に教えるほどの知識の持ち主です。当時寺子屋では男女共学でした。年齢も混ぜこぜで学んでおり、教則本も個人別でした。寺や武家などでは女子専用に、女師匠が教える所もありました。

さて〈上段〉は女子の憧れの的です。町方では最高の御新造様。婚礼の持参金のところでふれたように、嫁ぎ先に新居を建ててもらえる、あるいは自分の持参金で建てるほどの、富裕層に嫁ぐことを意味しています。

大きな商家での奉公人は上・中・下と三段階ありますが、お召使いである上腰元は、主人夫婦の身の廻りの世話や、趣味や教養のお遊び相手、あるいは寺社参詣《さんけい》や物見遊山のお供など、上品で教養のいる仕事ですから、やはり上層の娘が務めることになります。

お局《つぼね》・お中老など、江戸城大奥や各藩邸での最上級クラスの職は、身分に制限があり、町方からは現実としては無理でした。しかしそんな実現可能性はどうでもよく、江戸の女子たちの憧れの的は、華やかな最上級の御殿に暮らす側室か、キャリアの成功者「お中老」でした。

【奥女中になるには】

さて江戸の娘たちの夢はわかりました。江戸城大奥か、各藩の武家屋敷へ行儀見習いに上がりたいのですね。大奥において町方の娘が勤められる職種は限られており、大奥の上級奥女中の各々の個室に仕える「又者《またもの》」と呼ばれる召使い、あるいは御目見《おめみえ》以下の雑用を行なう女中までです。大奥の奥女中は武家からの採用が基本でした。

俸給は幕府からもらえるのですが、四季の着物や晴れの日の行事に着用する着物が、厳格に定まっています。さらに先輩方への付け届けなどもあり、費用がかさむため、親元から多額の金額を出してもらえる富裕層の娘しか行けませんでした。ですから娘を大奥へ行儀見習いに出せる家ということは、上層の町方で、つてなどもあり、また娘自身が芸事や茶事などの素養を積んでいることの証明なので、親元としても、大変鼻が高かったわけです。

それでは奥女中になった女性たちの状況を、資料によりみてみましょう。幕末の安政五年（一八五八）刊の『諸家奥女中袖鏡《そでかがみ》』には、武家奉公希望の女子たちが分類されています。武家の旗本や御家人の娘、町方の娘などがいますが、彼女たちの多くは五万〜七万石ぐらいの小大名への奉公を希望しました。これは最初から結婚退職する気が見えています。江戸城御本丸や大大名の奥向きでは、そのような身勝手な奉公が許されないためです。

そして富裕な町人や農家である娘の親たちの気持ちが載っています。

「何一つ不足はなければども、親の元ばかりに置ては、憂《う》いつらい事を知らず、人の難儀《なんぎ》の思ひやりがなければ、嫁入しても納《おさま》りわるき故に奉公に出るあり。是《これ》は少しの事にも宿元（実家）の有福を思ひ出し、奉公の障《さわ》りとなるものなり。其所《その》よくよく憂《う》いつらいを辛抱して勤めたらば、嫁して後、夫へ仕へる道も正しかるべし。家の納りもよろしくなり、子孫繁昌の基《もと》ひ也《なり》。」

これは明らかに嫁入り修業の心得です。

幕末に十三代将軍家定の御台所天璋院《みだいどころてんしょういん》の御中臈《おちゅうろう》（上級職）を勤めた大岡ませ子からの聞き書きによる三田村鳶魚《えんぎょ》著『御殿女中』（青蛙房）によれば、町人・百姓の娘たちの御奉公の秘訣は、一に引き（つて）、二に運、三に縹緻《きりょう》、だそうです。美貌は必ずしも出世の因にはならず、側室の中にはどうみても不縹緻な人もいたそうです。何よりも好い蔓《つて》を手繰《たぐ》るのが専要であったとのこと。長年勤め上げた実力派の女性の推挙があれば、わからない未知数の人よりは信用されたということであろうと思います。

が、町人・百姓の娘では、いかに上級の人に引き立ててもらったとしても、「御使番《おつかいばん》」か「御火之番」（それぞれ下から二番、四番）までで、それから上へは進めない。給金である頂戴物《ちょうだいもの》も

「御火之番」は切米《きりまい》五石と御合力金《ごごうりょく》（衣装代の特別手当）七両二人扶持《ぶち》、「御使番」は切米四石と御合力金五両一人扶持にすぎません。

ちなみに武家の「三《さん》ぴん」と呼ばれる最下層の男の奉公人（武士ではない）の俸給は、三両一人扶持（一人扶持は妻帯できない）です。

親元のかかりとしては、たとえば埼玉県の庄屋の娘が、尾州家の奥へ勤めて（大奥ではなく「御使番」になった。その費用は、親里から決まった諸向きへの付け届《とど》けをする。ほかに、年々百五十両ずつ本人へ送ったとのことです。

江戸城大奥の場合、中以上の高級奥女中たちは一生奉公で、親の死であろうが自身の病気であろうが、老年で引退するまでお暇《いとま》は許されません。二、三年の〝腰掛け奉公〟は許されなかったのです。

対して町方の娘と親たちの志望は、最初から奥女中で箔《はく》をつけて良家に縁づけたいという、嫁入り準備のための奉公です。春の宿下がりもでき、親の病気などという勝手な理由で、永《なが》のお暇《いとま》もできたのです。ですから娘たちにとっても、低級女中の方が良かったのです。

最終的には、良家に嫁ぎたい。そのためには奥女中となって貴人の行儀や作法を身につけ、嫁入りの際の持参としたいという理由《わけ》です。

奥女中 国貞(三代豊国)画『江戸名所百人美女 芝あたご』より

奥女中 国貞画『江戸名所百人美女 東本願寺』より

【武家奉公のための稽古事】

それでは奥奉公に上がるには、何が必要なのでしょうか。大名家の殿様やご内室のお遊び相手となれば、若い娘に対しては芸事の採用試験があったようです。少し年齢が過ぎると、お針などへと採用の種目が変わったようです。

柳沢信鴻《のぶとき》著『宴遊《えんゆう》日記』（氏家幹人「日常性のなかの武士文化」〈日本民俗文化大系〉第十一巻による）に、ちょうど資料としては絶好の、大名屋敷の芸事試験の様子と覚しき記述があります。大和郡山藩十五万二千石の藩主であった柳沢信鴻は、柳沢吉保《よしやす》の孫にあたり、安永二年（一七七三）に五十歳で隠退した時からこの日記を記し始めました。信鴻は俳諧をよくし、書画にも通じ、また歌舞音曲を愛する多才な趣味人でした。

この日記に登場する女性たちの中で、ひときわ多いのが侍女として採用してもらうために、駒込の下屋敷（現在の六義園）を訪れる娘たちです。それぞれ得意の芸事を信鴻の前で披露し、採否の選考を受けていています。

信鴻はさすがに趣味人とあって芸事の目がこえており、娘の踊りに「下手《へた》」などと自身で評価を下しています。たとえば、

○豊《とよ》　二十二歳　八町堀神田多市　弟子　加賀屋喜兵衛　女《むすめ》　豊。

先生　小笠石小源正　浄るり　松の内　下手《へた》。目見《めみえ》に来、河東節《かとうぶし》　安永二年一月十五日

加賀屋喜兵衛の娘で神田多市のところに稽古に通っていたお豊は、河東節が語れるとの言立《いいた》てにより目見《めみえ》にやってきます。語らせたところ、下手であったので不採用となります。翌々日の一月十七日には、白銀紺屋《しろがねこんや》源八の娘蓑《みの》、十六歳が訪れ、長唄と豊後節《ぶんごぶし》を演じていますが、これも不採用に終わっています。なにしろ江戸後期には女子のたいていが芸事を習っていたせいか、なかなか受からなかったようです。

では彼女たちはどういう芸事を身につけたかというと、十代前半には踊《おどり》、十代後半に入ると長唄、常磐津《ときわづ》、豊後節、義太夫節《ぎだゆうぶし》などです。一般的には浄瑠璃と三味線、踊が多く、複数の芸事を身につけている娘が多いのが目につきます。年齢は十五歳から十八歳、結婚適齢期の娘盛りの花たちです。

【江戸の女子教育】

式亭三馬『浮世風呂』から江戸の女子の勉強ぶりを見てみましょう。

「朝むつくり起ると手習《てなれへ》のお師《し》さんへ行《いつ》てお座を出して来て、夫《それ》から三味線のお師さんの所へ朝稽古にまゐつてね、内へ帰つて朝飯《まんま》をたべて踊《をどり》の稽古からお手習へ廻《まは》つて、お八《や》ツに下ツてから湯へ行て参ると、直にお琴の御師匠《おつしやう》さんへ行て、夫《それ》から帰つて三味線や踊のおさらひさ」

寺子屋へ通う幼少の頃から、芸事の二つ、三つもかけ持ちし、おチビのくせに習い事が超多忙

(上)茶の湯 女子のたしなむべき伎芸《ぎげい》を「婦功《ふこう》」といい、茶道・花道(活花)・香道がそのベスト3。茶道はその第一に挙げられている。菱川師宣画『和国百女《わこくひゃくにょ》』(元禄8年刊)より **(下)踊り**『漫画百女』(文化11年刊)より

(上)香道 (下)活花《いけばな》『女用文章初音錦』(万延元年刊)より

の少女たちでした。朝、寺子屋へ行く前も後も、びっしりのスケジュールが組まれています。後期の天保頃（一八三〇～四四年）には一般の少女たちも稽古にはげみ、またこの頃には武家奉公のための手引書まで発行されていました。

現代の小学生たちも、受験が中学受験にまで下りてきて、都心では部活動で朝練習、学校が終わると、五時か六時以降は塾通いで、二つの塾の掛け持ちも当たり前です。ゆえに連日塾通いで、夕飯を食べたら学校と塾からのどっさりの宿題があるという状態で、とても状況が似ています。

現代は一流大学を目ざしての受験勉強、江戸では良縁を目ざしての稽古事と異なっていますが、当時の女子教育、あるいは思想にはどういうものがあったのでしょうか。

現代では民主主義の世となり、政府や世間からの命令や押しつけはありません。しかし江戸当時は、「両親や老人を敬うこと、目上の人や主人には従うこと」などの儒教の精神が浸透していました。

さらに女子教育には独特のものがあります。江戸の少女たちはどのような環境で育ち、どういう考え方をしていたのか。またどのような女性になりたかったのか。このあたりは現代の女性とはまったく異なるところですので、触れておきたいと思います。

江戸の女性向け教育書・教養書には「女大学」「女庭訓《ていきん》」もの、『女鏡《おんなかがみ》』などがありました。これら教育書には中国からの儒教（朱子学）思想が色濃く反映されています。

その中に女子の育て方を述べた『女論語躾宝《しつけだから》』（一八四七年刊）があります。「女の子は早く育ち、ほどなくよそへ嫁に行き、一生他人の中で暮らすものである」と、他人のもとへ嫁ぐことを前提として女の子を育てることが説かれています。育て方の要点は「心」にあります。そして女の一生において結婚生活での人間関係は最も大事です。結婚はただ夫との生活の始まりを意味するだけではなく、舅姑、そして夫との生活の始まりでもあると説きます。

「婦徳」も重要です。婦徳とは、

徳…貞順。夫に従いわがままな振舞《ふるま》いをせず。

言…口はわざわいのものなので慎しむ。

巧…裁縫など技術の上達で、縫い物は布を裁《き》ることからではなく、蚕を飼い、絹糸を紡《つむ》ぐことから始めましょう。

容…姿形の外面よりも内面、心を磨《みが》くこと。

また貝原益軒《かいばらえきけん》『和俗童子訓《わぞくどうじくん》』には、「三従七去《さんじゅうしちきょ》」という儒教の教えが記されています。

「婦人には三従の道あり。凡《およそ》婦人は柔和にして人に従ふを道とす。我が心にまかせて行なふべからず。故《ゆえ》に三従の道と云事《いふこと》あり。（中略）父の家にありては父にしたがひ、夫の家にゆきては夫にしたがひ、夫死しては子にしたがふを三従といふ」。これは「女三界《さんがい》に家なし」とも言われています。

婦徳『女論語躾宝』（弘化４年刊）より

嫁いびり　黒紋付で恐る恐るやって来た嫁の図。姑の眉間に寄っている皺は常のようである。鳥居清長画（天明中期）より

六　庶民女房　結婚その後

江戸時代に人の妻となった時、まず最初にすべきことは「お歯黒」です。当時は通過儀礼というものがあり、人生の節目ごとに、見た目で誰にでもはっきりとわかるように、男女ともに容姿を変えました。

女子であれば十六歳頃になると、少女の髪形である「銀杏返し《いちょうがえし》」から「島田髷《しまだまげ》」になります。「十六島田」とも言い、私は結婚適齢期になりましたという印です。これは結婚までの娘時代の髪形です。

【お歯黒・眉そり】

さて結婚すると、女の容姿は三段階に大激変します。一つめは「お歯黒つけ・鉄漿《かね》つけ」です。お歯黒は女性の既婚者を意味したので、結婚が決まれば歯を黒く染めました。お歯黒はお歯黒水（酸や鉄分）と、ふしのこ（染料）を交互に筆で塗ります。

変身の二つめは髪形を変えることで、未婚の娘の「島田」から、既婚となるとたいていは

「丸髷《まるまげ》」になり、華やいだ娘の雰囲気から主婦らしい落ち着いた雰囲気になります。そして三つめは、子があるかどうかの決め手となる「眉そり」です。結婚しても子供がいなければ半元服と呼ばれるお歯黒だけで、子供が生まれれば眉そりをしました。

子、特に男子を産まなければ自分の存在価値を否定され、おまけに眉によってそれを世間に表明して歩かなければならないとは過酷なものです。『三田村鳶魚江戸生活事典』によれば、「京阪の新婦若《も》し二十一二歳に至りて妊《はら》まざる者は孕《はら》まずといえども髷《まげ》を改め、眉を剃《そ》る」とあり、子ができない場合でも、年増になれば眉を剃るものと、周りも承知していたようです。しかし、子ができなければ実家に帰されたのです。「子なきは去れ」との言葉もあり、離縁されました。

結婚をしても、嫁にとってはまだめでたいわけでも安住して暮らせるわけでもなく、やはり子を授かることが一つの山場で、ここが試金石となっていました。

【出産】

さて、やっと子を授かれば出産です。死産も多く、母子ともに生命の危険がともないますが、産む方法からして現代とは大きく異なります。現代では寝ながら産みますが、江戸時代には座った体勢で産む「座産《ざさん》」が主で、横たわってお産をすると妊婦の血が下がって死ぬとまで信じられていました。

産んだあとも産後七日間は血が荒れるなどの理由で、横になることを許されず、座った状態を続けたのですから気の毒です。上層の婦人は産椅《さんい》という椅子を用いていますが、これは図（一六七ページ）でご覧ください。

現代では病院で出産しますが、当時は家で産みます。親類や近隣の経験豊かな女性が助産師として来てくれますが、都市では「取り上げ婆」のような専門職も発達してきました。子を待望しておきながら〝産の忌《い》み〟というのがあります。血の穢《けが》れ観が強かった当時にあっては、出血をともなう出産は忌むべきものでありました。これが端的に表われているのが農家の出産です。

妊婦の多くは母屋から納屋《なや》に移され、家人とは別に煮炊きをして、疎《うと》まれて暮らしました。これは出産の際の血の穢れが火を通して家人に移ると考えられていたためです。産後も産屋《うぶや》に数日とどまり、海水や水などで体を清めてから家に戻ったり、また水神のいる井戸や神棚に近づいてはならないという地域もありました。女性にとってはまさに命がけの、受難の出産でした。

【堕胎・間引き】

堕胎は妊娠中の胎児をあやめることで、現代では妊娠中絶と言っています。二つの方法があり、一つは胎児に直接的に働きかけて殺傷する方法。たとえばほおずきの根や枝、ごぼう、桑の根、からたちの針、箸《はし》、竹楊枝などを子宮内まで挿入したりして人工流産にします。

二つめは薬物や毒を飲んで、母体を通じて胎児を殺す方法です。これにはほおずきの根・とうがらし・ざくろの皮や根・朝顔の種などの煎じ汁、灰汁《あく》、水銀などを飲みました。

大変危険です。本人や夫がする場合もありますが、「子おろし婆さん」と呼ばれる専門家も各地にいたようです。都市においては、江戸中期に「中条流」を名乗る堕胎専門の医師が現われ、後には堕胎医たちが皆、中条流を名乗ったために、中条流といえば堕胎をさすようになりました。

姦通した町人や私通を隠したい奉公人、経済的に困窮した小禄武家、あるいは奥女中など、都市では堕胎が多くありました。

間引きは、生まれた子を嬰児《えいじ》のうちに殺してしまうことです。嬰児を出産直後に蓆《むしろ》などに包んで埋めたり、川に流すようなことがありました。

堕胎や間引きを都市と農村という点でみると、農村では母体にリスクの少ない間引きが多く、これにより出生抑制をしました。一方都市においては、単身奉公人が多く、恋愛や不義密通もよく起こり、職人・商人ともに結婚時期が遅かった（三十～四十代）ことなど、都市としての様々な面がこの問題に関わってきます。

町家での出産　元禄頃上体をおこし力綱を用いての座産。掛布団の下には汚れを防ぐ蓆《むしろ》が見える。『日本風俗史図録』より

(左)農家での座産　(右)農家の産屋《うぶや》(納屋《なや》)
天井から垂れ下がる力綱にすがって産む。俵は背もたれ用。『三州奥郡風俗図絵』より

（上）座椅子での出産『風俗画報』より（下）取り上げ婆が赤ん坊に産湯をつかわせている所。左の部屋には座椅子が見える。西川祐信画『百人女郎品定《しなさだめ》』（享保８年刊）より

【不義密通】

江戸時代の密通は死罪です。幕府が制定した「江戸市中定書《えどしちゅうさだめがき》」（一六五五年）や「公事方御定書《くじかたおさだめがき》」（一七四二年）では、密通した妻と相手の男は死罪でした。そして間男された夫の報復権が認められていたため、現場を見つけたら、その場で二人を殺しても無罪とされました。

主人の妻と密通した男は、市中引き回しのうえ獄門、相手の妻は死罪です。縁談の決まった娘と密通した男は、江戸十里（約四十キロ）四方追放。女は髪を剃《そ》って親元へ引き渡されました。

江戸時代には惚れた相手と結婚できるわけでもなく、家柄のつり合いだけの結婚なのに、死罪は重すぎると思います。当時の人々もそういう思いであったのか、後には穏便にお金ですませるという解決方法が出てきました。

これは密夫・間男《まおとこ》が女の夫に慰謝料を「首代《くびだい》」として支払うものです。その相場は七両二分（約七十五万円）でした。七両二分の理由は、高野山で刑死者の菩提《ぼだい》を弔うとき、一人につき七両二分を納めさせたことに由来していると言いますが、諸説あります。

密通は江戸の社会背景を反映し、たとえば参勤交代で夫が江戸詰めの期間中に、妻が密通したという話がよくあります。また商家のご新造と奉公人の間などの人情沙汰は枚挙にいとまがありません。

喜田川守貞『守貞漫稿《もりさだまんこう》』にも、女の帯結びに「間男結び」と俗称されているものが度々登場し、図示までされているところをみると、間男はごく一般にあったものと推察されます。

【離縁】

幸せな結婚を望み、幼少より稽古事にもはげんできたのにとうとう離婚ということに……。江戸時代には離婚のことを「離縁」「離別」「去る」「暇《いとま》をやる」などと言いました。その時に書く書状を「三行半《みくだりはん》」「縁切状」「去り状」と称しました。

武士の場合には、幕府や藩へ夫婦両家から離婚届を出します。しかし庶民の方は、正式な書類は必要ありませんでした。夫が「三行半《みくだりはん》」という離縁状を書けば、離婚の手続きは済みました。「三行半」というのは夫が妻かその父兄宛てに書いて渡すのがきまりで、規定の文があり、三《さん》行半《ぎょうはん》で終わることからこう言われています。

其方儀《ぎ》、不相応に付《つき》、
此度《このたび》離縁いたし候《そうろう》、しかる上は
向後《こうご》何方《いずかた》え縁付候とも　我等方にて
一切差構無之《さしかまえこれなく》候、仍《よっ》て如件《くだんのごとし》

文の前半の「離縁いたし候」までが離婚の文言《もんごん》。あとの方の「向後何方え縁付候とも我等方に

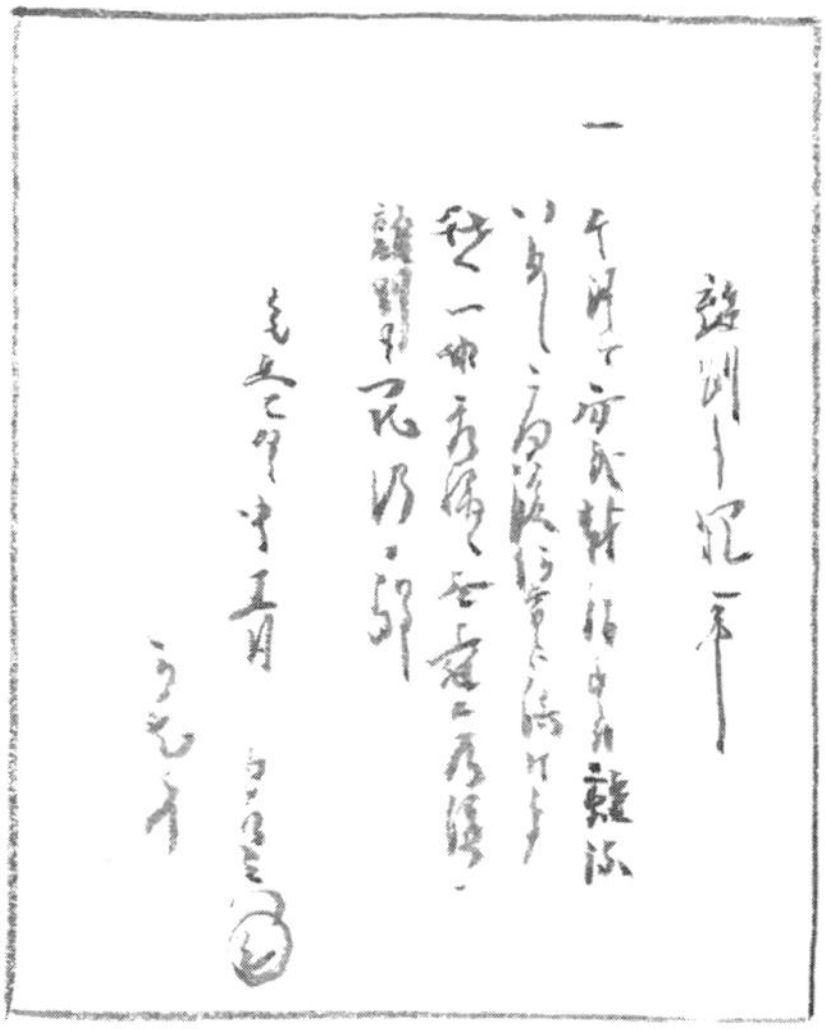

（右）密通の現場
鳥居清経画『化娘沙門大黒舞』より
（上）三行半

中絶 看板には「中条流婦人療治」とある。
『江戸名物鹿子』より

て一切差構無之候」が、再婚許可の文言です。

そもそも庶民は、結婚する際にも届け出る必要がないせいなのか、江戸の離婚率は高かったと言われています。届け出が法制化された明治十二年（一八七九）の統計でも、離婚した夫婦は結婚した男女の二分の一を超えています。同じ年の東京府の最初の統計では、一年間に結婚した男六三三二九人、女八六六七人に対し、離婚した男三四〇六人、女四二〇三人で、その比率は五〇％以上なのです。

神前結婚やキリスト教徒は教会でというように、婚礼に宗教が入ってきたのは明治以降です。現代のように、結婚は永続すべきものとか一夫一妻制という観念がありません。現代のような縛《しば》りがそもそもないのだと思います。

そして一夫一妻制というのも、大変現代的な傾向ではあります。明治・大正時代までの、政財界また地方の造り酒屋の家などでは、一つ屋根の下に妻妾同居することもある程度あったようです。それが男の甲斐性として、世間では通用していたようです。一夫一妻制という意識が強くなったのは、第二次大戦以降ではないかと思われます。

江戸に戻りますが、離別に重大な決意がいらないなか、三行半が必要だったのは、江戸の法においては、この再婚許可証がないと重婚の罪に問われたからです。また幕府の「公事方御定書」によると、離婚請求権は夫にしか与えられていませんでした。妻から離婚したいとは言えないところが大変きつい規定です。

妻側から離婚したい場合には、有名な〝駆け込み寺（縁切り寺）〟がありました。幕府公認の駆け込み寺は二つのみです。一つは鎌倉の東慶寺、もう一つは上州の満徳寺でした。ここに駆け込んで三カ年過ごせば、正式に離婚することができました。

ただし無料ではありません。この時用意すべき費用には三点があります。一つは、三年間寺に入る場合は自分の食事代や生活費として、五、六両（五十万〜六十万円）の「扶持料《ふちりょう》」を用意すること。因みに当時の下女の給金は半年で一両二分です。

二つめは、夫がすぐに離縁に承知して入寺せずにすんだ場合であっても、関係者への謝礼金が必要でした。三つめは当時の離婚は、請求した者が慰謝料を支払うことになっていました。

というわけで、経済力があり、当時のお金で数十両から百両ほど持っている女性でなければ、妻からの離婚請求はできませんでした。また離婚は男の専横と思われがちですが、実際には仲介者が間に入り、協議したうえで行なわれることが多かったようです。

それから離別したい夫にとって難問が一つありました。それは、妻の持参金と嫁入り道具を返却しなければならないことです。通常はお金は使ってしまっているので、ない場合には離婚を思いとどまらねばなりませんでした。

そして男の方も勝手に離別してよいものではなく、理由が必要です。前に儒教の教えの「三《さん》

離縁の種々相（上３点）『北斎漫画』より

（左）江戸の版本より

従（じゅう）七去（しちきょ）」に触れましたが、『和俗童子訓』には「婦人に七去とて、悪しき事七つあり」と記されています。

舅姑に従わない、子がない、淫乱、悋気《りんき》（嫉妬）、悪疾（治りにくい病気）、多言（おしゃべり）、窃盗

の七つです。この内一つでもあれば、妻を離婚できるとされていました。

一方、実際の離縁状には理由を記す必要はなく、理由を書く人はほとんどいませんでした。ですから江戸の人々の別れた理由はわかりませんが、記された内で多いのは「不相応」で、家にふさわしくない、家風に合わないということです。

「不熟」とか「私意に叶《かな》はず」の場合は、夫や親との関係がうまくゆかなかったのかもしれません。妻の「不行跡・不埒《ふらち》」、これは妻の姦通のようです。離婚は、やはり七去あたりが主な理由のようです。現代になると、双方の価値観が合わないということでしょうか。

離婚後の女性は、再婚することもあり、実家に戻ったままのことも多くありました。

【再婚】

武家の場合、男子を産んだ女性は、夫が若死しても、再婚することはほとんどありませんでした。幼少の男子が家督を相続するため、母親は後見となり立場は重くなり、様々な役目もありま

離縁の種々相（上下とも）天明期の版本より

した。子が女子だけの場合は夫が死去すると、自ら身を引き、再婚するのが一般的です。

江戸時代の統計やグラフが出ている竹内誠監修『一目でわかる江戸時代』を参考にして、庶民の再婚の状況を見てみましょう。

近世農村の信濃国横内村の統計によれば、女性の多くは実家に戻ったまま再婚しない人がほとんどです。多くは子ができないために離縁されたと思われます。各年代別の二十六人くらいずつの内、再婚できたのは二十代後半の女性で五人、三十代前半の女性で六人のみです。対して男性の方は、年代別で三十人くらいずつの内、再婚した男性は二十代後半で二十三人（七六％）、三十代後半で十六人（五三％）、三十代前半で十五人（五〇％）と、再婚率は大変高くなります。

また女性は三十六歳を過ぎれば再婚はしていないのに対して、男性は四十歳から六十歳以上でも、少数ですが再婚しています。やはり離縁状で再婚可能とはあっても、女性の離婚はたいへん重いものであり、実家に戻れば世間からは「出戻《でもど》り」と言われ、厄介《やっかい》者として家の手伝いや田畑の労働をし、一生肩身の狭い思いをしたことでしょう。

また離別後「不明」と記された女性が、各年代ごとに三分の一はいますので、商家の台所奉公などに出たのかもしれません。

離別には離婚だけではなく、死別もあります。結婚期間が十年から四十年（夫の年齢が三十歳から六十歳くらい？）の間の夫の死亡が高率であったことも付記しておきます。

七　お江戸の相続と現代の結婚

〔一〕財産を一子相続する江戸

江戸時代には結婚と家督を相続することは同義でした。先代の身分や財産である家督を、そっくりそのまま受け継ぐのが家督相続です。その家督を相続する跡取り息子のことを嫡子《ちゃくし》とか嗣子《しし》と言います。

結婚と婚礼（祝言・結婚式）は異なっています。ですから下級武士の場合は、式を行なわないこともあります。武家にしろ大店にしろ、婚礼は跡目披露を目的としていたので、莫大な費用をかけての儀式となりました。

考え方としては、江戸時代も現代も、結婚と財産の相続は対になっています。戦前の「旧民法」

までは「家の継承」がすべてでした。それが、戦後の民主主義となって相続の仕方が一変し、妻子の皆で分ける財産分与形式を基本とする「新民法」になりました。これが江戸時代と現代の結婚の大きな違いとなります。

では、家督相続の大本である「財産」という視点で、江戸時代の結婚をみてみましょう。江戸では跡取りの一子相続で、長男一人が全財産（親の地位、家屋敷、土地など）を受け継ぎます。

【子の種類】

ここで江戸期の「子」という場合、子には様々なかたちがありますので、松田敬之著『次男坊たちの江戸時代』（吉川弘文館）を参考に子の種類を挙げておきましょう。特に注目されるのは、養子や婿養子の多さです。

子……本当の子。

実子……養子ですが、生家とは縁を切り、生家の系図からも抹消されています。幕府への届け出に「養子」とすると手続きが煩雑なため、実子と記入しました。

養子……他家から迎えた子で、大名や旗本・御家人の場合、幕府に届け出が必要でした。武家の跡目相続では、子か養子かにより、家禄の継承は大きく違ってきました。邸も下級の邸へ変更されたり、場合によっては取り潰《つぶ》しも起こるなど、武家の子か養子か婿養子かの審査は

前髪立ちの少年と少女　鈴木春信画『三味線をひく男女』(ミネアポリス美術館蔵)より

大変厳しかったものと思われます。

婿養子《むこようし》……江戸時代には武家、大店《おおだな》を問わず頻繁に登場します。娘の夫として迎え、娘の親とも養子縁組することになります。

順養子《じゅんようし》……長男が死亡し二男を相続人とした場合、その次の代には元の嫡子（長男）系の子を二男の養子として手続きし、血筋を本流に戻して嫡系を大切にする慣習がありました。

密子……秘密の子であり、ご落胤《らくいん》と同様です。その待遇は長男の死亡などにより各藩様々でした。

猶子《ゆうし》……密子と同様で、家系図に記載されないのが常でした。当時は、全国各地の僧侶が公家の家へ謝礼金を払って公家の猶子となることが多く、それが非公家が公家の子となるための手段でした。

【養子、婿養子の過剰な多さ】

現代では核家族が主流であり、また「家」を継承しようとする必要性もないため、他人の子を迎える養子は歓迎されません。しかし江戸時代の文献には異常なほど養子、婿養子が多いのです。前述の紀州藩上士蔭山家においても、その隣家でも、ほとんどが婿養子です。全体でみれば本当の子が受け継いだのは、二、三割かと思えるほどです。

このように養子の需要が大変高かったわけですが、まず最初に江戸期の養子需要の背景をみてみましょう。

武家では男子しか家禄を受けられなかったため、女子しかいない家では「婿養子」を取る必要がありました。また子がない家では、男女一組の「夫婦養子」として迎えました。こうなると血筋は絶え、まったく他人の血になりますが、家督は守られ継承されることになります。ですから男子のいない家では養子が必須となります。

大名家の場合では、寛保元年（一七四一）から寛政六年（一七九四）までの平均で三一・三％、また藩士レベルでは、宝永五年（一七〇八）の岡山藩で約三分の一、寛政～天保期（一七八九～一八四四年）の金沢藩で半数が養子相続だったそうです（鎌田浩「武士社会の養子」〈シリーズ家族史②『擬制された親子』三省堂より）。

次に富商や大農家の場合はどうでしょう。継承と老後の介護（世話になる）目的で、相続を条件とする養子縁組がさかんに行なわれました。富商であれば店を受け継ぎ、農家の大地主であれば土地、田を受け継ぎます。

それにしても異常なほどの養子率の高さですが、その答えとして小川恭一著『江戸の旗本事典』（講談社文庫）より興味深い記述を紹介します。それは「江戸初期の頃にはそうでもなかったのに、中期以降の平和な時代になってゆくにつれ、子が絶え、次第に養子が多くなっていった」という

前髪立ちの少年　鈴木春信画『風流うたひ八景　羽衣《はごろも》の落雁《らくがん》』より

前髪立ちの少年 同『風流うたひ八景 紘上の夜雨』より

ものです。

戦国時代末期から江戸初期頃は、戦さで若死する人もいる反面、八十歳を超す長命者もいました。そんな中、初期の当主、戦国大名やその家臣たちと妻との間には健全な子孫が作られている場合が多いのです。ところが江戸中・後期の安定してゆとりのある時代になると、良家の当主、正妻双方の体力が落ち、子を授かっても次の代には絶えてしまうケースが増えてゆくとのことです。そして養子が多くなった理由四点があげられています。

一、平和で贅沢な安定した時代に入り、身体の弱化が始まる。

二、家系大事で近親婚の傾向が強い。

三、医療の停滞。

・乳幼児の死亡率の高さ。

・二十歳までの麻疹《はしか》・疱瘡《ほうそう》などの発病。

・二十～三十代の突然死（これも多い）。

四、育児の時、乳母《うば》たちの白粉《おしろい》が害になった（鉛毒）。

武家の場合には、その家禄を継がせるために、他家の部屋住《へやずみ》（二男など）を養子に迎えます。その男子は無禄に近い状態から、急に仕官先が決まり年収が確定されるわけですから、当然養子を希望します。

また養子を迎える方は、なるべく優秀な男子を望み、その際まったく血のつながらない他人を入れるよりは、身内、親戚の者へ禄を譲ろうと思うのが人情です。

養子は最初は血統が重要視されましたが、絶家が一番困るので、次第に血筋よりも家の存続が重大となり、養子は他人、しかも持参金養子へと移っていきました。

ちなみに、昔の言い伝えに、「小糠《こぬか》（米ぬか）三合《ごう》あれば養子に行くな」というのがあります。養子の居心地は決して良くなかったのでしょう。

【部屋住《へやずみ》・厄介《やっかい》・冷《ひ》や飯食《めしぐ》い】

さて縁組という場合、家禄は長男への一子《いっし》相続というのはわかりました。ではほかの弟たちの待遇はどうだったのでしょう。二男、三男坊は部屋住・厄介・冷や飯食い……などと呼ばれ、名称からしても実家から冷遇されていることが歴然としています。では彼らはどういう人たちで、どのような暮らしをしていたのでしょうか。

一般的には武家の二・三男以下で、分家や独立ができずに親・兄弟・甥《おい》などの家に同居・仮住まいをしている者を部屋住とか厄介と言います。また家督を相続できない者や養子先を模索中の段階、あるいは長男ですが、まだ十五歳頃の元服（成年式）をすませていない少年のことも、こう呼びます。総じてまだ一人前になっていない未熟な者をさします。ですから大名家から御家人

右側中央の前髪立ちの三名が少年で、振袖姿でも男子。
江戸中期の版本より

乗馬にはげむ前髪立ち『北斎漫画』より

の息子たちまで、それぞれに部屋住たちは存在しました。

それでは部屋住たちの収入は、いったいどのくらいあるのでしょうか。一万石以上を大名と言いますが、普通の大名の部屋住の収入は、家臣扱いの二百俵くらいです。二百俵というと旗本の一番下のクラスで、この下には御家人の層があります。そして二百俵というと、一概に換算はしにくいのですが、現代の年収なら二百万円ぐらいです（現在、政府から生活保護が出るのは百八十万円以下）。

大名の息子でさえこれくらいなのですから、その家臣の息子たちは推して知るべしです。

現代においては格差社会となり、上下の二極化現象が起きています。たとえば就職氷河期の世代、現在三十五歳頃の男女には就職難で正社員になれない人々がいます。大学を出ても就職内定率は七〇％弱です。

また二〇一〇年十二月の読売新聞の調査によれば、景気の低迷で親からの自立がむずかしくなっており、三十五～三十九歳の男性が親と同居している割合は四一・六％です。現代の結婚適齢期の男子の、なんと半数近くは自活できずに親元で暮らしている状態です。それゆえ未婚・晩婚化も進んでおり、三十代後半の男性の未婚率は三〇・六％に上昇しています。

江戸時代も現代も、若者の経済状況と結婚は、密接に関連しています。

さて、江戸の部屋住に戻ります。

養子を探している家では、その家が栄えることを目ざし、なるべく良い家の優秀な青年を探しますので、部屋住たちはそれぞれ文武の修業に励みました。その結果、養子から才能もあり実務もこなせる俊英が多く輩出されています。

青年時代に部屋住生活をおくりながらも、後に徳川幕府の中枢となって活躍した人々には、八代将軍徳川吉宗（紀州藩主徳川光貞の四男）、大老《たいろう》井伊直弼《なおすけ》（彦根藩主井伊直中《なおなか》の十四男）、米沢藩主で藩政の改革や殖産興業で高名な上杉鷹山《ようざん》（高鍋藩主秋月種美の二男）などがあげられます。

めでたく養子先が決まった恵まれた二・三男は良いのですが、中には養子の口がなく、生涯冷《ひ》や飯食《めしぐ》いの悲惨な人生を送った者もいました。当時は兄弟が多く、子が七人、九人というのもざらなので、家督を継げない子の方が圧倒的に多い状態です。五男、七男などの男子や妾腹の子は、養子先も見込めないため、鬱屈《うっくつ》した人生になったようです。

○長谷川平蔵

実在の人物で部屋住の境遇をうかがい知ることのできる人物として、池波正太郎作『鬼平犯科帳』の長谷川平蔵がおります。

実在の長谷川家は、代々幕臣の旗本として四百石の知行がありましたが、末弟であった父の宣《のぶ》

前髪立ちの少年たち 享保期の版本より

部屋住『北斎漫画』より

雄《お》は養子の口もないままに長兄の世話になっており、三十歳近くになっても妻を迎えられない身分でした。当時の宣雄が下女のお園（裕福な農家の二女）に手を出して生まれたのが平蔵です。後に宣雄は養子として波津（平蔵の義理の母となる）と結婚しました。父と義理の母は本所の屋敷で暮らしますが、平蔵の方は実母が早くに亡くなったため、農家の祖父に十七歳の夏まで育てられました。

義母の波津は、気性が強く、平蔵を「妾腹の子」と言いたてて、平蔵を本所の屋敷に引き取ることをかたくなに拒《こば》んだ人で、親類たちの口添《くちぞ》えで引き取ったあとも、平蔵をいじめ、食事も奉公人なみの扱いでした。平蔵は波津への反抗もあって、屋敷を抜け出しては本所深川界隈の盛り場を回ったり、無頼の者ともつきあい、頭分におさまっていたようです。

しかし長谷川家は優秀な家系で、父宣雄は京都の西町奉行にまで出世しますが、死去します。相続を許された平蔵は、安永二年（一七七三）の小普請《こぶしん》入りを皮切りに、西丸進物番、西丸御徒頭《おかちがしら》と昇進します。天明六年（一七八六）には御先手組弓頭となり、その翌年には火付盗賊《ひつけとうぞく》改《あらため》の加役を命ぜられ、後に本役として同役に任ぜられています。

部屋住や厄介というのは、捨て扶持を与えられ、一生涯続くかもしれない長い下積み生活でありました。その捨て扶持は妻帯できないほどの額でしたので、結婚も婚礼も一生涯できない者が多かったようです。

【部屋住と持参金】

関ヶ原や大坂の陣などの戦いが終わると、各藩の大名の家臣たちは人員過剰となり、家禄減らしのため相続のたびに減禄が続きました。このため健康な男子をたくさん持つ人は養子先を探しました。さてその養子先ですが、大名の部屋住《へやずみ》は、大名だけではなく格下の家禄千石以下の旗本にも、持参金を持たせて養子に出すことがありました。

旗本の中には高禄者や足高《たしだか》(増収)を受ける者など裕福な旗本もおり、旗本は自分の息子に持参金を付けて養子に出します。逆に婿《むこ》養子に迎えたい側は、有能な部屋住や厄介を探してもいました。

部屋住が相手の家督を受け継ぐということは、一生涯収入と身分を保証されるようなものなので、親である大名や旗本は「高額の持参金」を付けて、先方へ出すことになります。

家格により異なりますが、その持参金の額は数百両から数千両にのぼりました。なかにはそのほかにかかる経費を含めると、一千両(十億円)に達する家もありました(次項)。当時大名の家庭にかかる費用は、藩全体の収益の一〇～二〇%というのが普通ですが、大名は知行分などから部屋住や娘の持参金に要する費用を積み立てておきました。

大名間の養子入りの場合には、親族をも含めて内々で話し合い、老中の公用人とも内談し、内諾があれば大名に出入りの「御手先(頭)」を以て正式に相手方に申し入れ、後日城中で認可されました。大名間と大名・旗本間の養子縁組は、老中届けとなります。

婿養子を迎え家督を継がせる側では、自家よりも格が高く、持参金も高く、優秀な男子の獲得をめざしました。

それでは次に、江戸後期に養子縁組をした中堅旗本家の具体的な例をみながら、二千石の旗本家ではどのくらいの持参金を用意し、そのほかの諸経費を含めると、どれほどの額になったのかを、『寛政譜　旗本三島政養日記』（小川恭一著『江戸の旗本事典』を参考）にそって追ってみたいと思います。

【中堅旗本家の持参金】

婿養子を出す方は、三河以来の旧家である夏目家です。左近将監信明は、天保九年（一八三八）に、小姓頭取より御側衆に栄進、家禄は二千石で、御側御用取次の重職です。子の政養は文政二年（一八一九）生まれで、文武の稽古をつんでいます。この夏目家の方が格が上です。

一方、婿養子を探している側の三島家は、古くから徳川家に勤め、中期の元禄十年（一六九七）には千三百石の家禄で、中堅旗本家でした。ところがこの家は後期の寛政六年（一七九四）に当主の能登守政備《のとのかみまさとも》が家斉公の御意に応ぜず失態、免職された家柄でした。当時の当主は政堅ですが、婿養子に自家よりも良家にして重職者の部屋住を探していました。

夏目家の方はいったん断りましたが、なぜか子の政養を格下で多少問題のある三島家へ婿養子として出すことになります。そして養子に入る前に、次の六条件を取り決めました。
一、配偶者（嫁）は政堅（養父）庶出女子の機女《はたじょ》（娘の名前）とする
二、後室（養母）の姪に、養女にしないことの手当として五十両を払う
三、後室本人には、土産品代として百両を払う
四、養父政堅の本葬諸費用として五十両を払う（養子話の途中で死亡したため）
五、相続時の諸費用として百両を払う
六、山鹿家兄弟（養子先の親類）の邸ないし住居の新築代として百両を支給する
この合計四百両（四千万円）は、養子を懇請されて出す側、夏目家からの土産金です。が、このほかにも多額の諸経費がかかりますので、幕末の『藤岡屋日記』安政六年（一八五九）に出ている別の例で、持参金に諸経費を足した総額をみてみましょう。

高松侯高松頼恕《よりひろ》の息子準之助（忠礼《ただのり》）の養子話です。迎える側では、親藩である高松の松平家からの養子であれば持参金が期待できるし、大老井伊直弼との関係も良くなることを期待しての政略的な縁組です。

婿養子を出す方の松平家の経費は、持参金の三千両（三億円）を含め、総額一万両（十億円）にも達しました。

この例では、諸経費の使われ方は、道具、住居の新築・改修、小遣、御賄費《おんまかないひ》（生活費）の補助分、関係各家への挨拶付届《つけとどけ》などでした。

当時、大名から格下である旗本家への養子縁組にもかかわらず、多額の費用を負担したその理由はなんでしょう。大名家にとっては、分家させることもできず、家臣並にしても家中のバランスの問題があります。部屋住の息子の一生の俸給もかかるため、先方の位が下でも一家を構えられる養子に出したようです。

〔二〕現代の結婚

【明治時代の結婚】

明治になると婚礼の状況は一変します。まず宗教が自由となり、これらは結婚式に結びつきました。皇室は神道を採用したので民間もこれにならいます。明治三十三年（一九〇〇）五月に皇太子の結婚が宮中の賢所《かしこどころ》で行なわれ、これ以降「神前結婚式」が普及してゆきました。翌明治三十四年には東京日比谷大神宮が政府の許可を得て神前の婚礼式をはじめました。明治四十一年末までに行なわれた結婚式は二千組に達したそうです（『朝日新聞の記事に見る恋愛と結婚〈明治・大正〉』）。

この神前結婚式は現代のものと同様であり、神聖で神々しく、また費用が安くすみました。出席者は親族、媒酌人、知人。式の進行は、まず祓い清められた花婿と花嫁が神前に進んで礼拝し、祝詞《のりと》が読み上げられます。その後、媒酌人が誓詞を読み、三三九度の盃を交わします。盃がすむと二人は礼拝して控所へ戻ります。改めて花婿方、花嫁方の家族、親族は相対して盃事があり、次いで親族紹介と相互の挨拶となり、式を閉じます。

明治期 嫁の実家で別れの挨拶(左右とも)『デニス・J・フォックス氏写真帖』より

明治期 親族との挨拶・盃事

この進行は、宗教色を除けば江戸時代の婚礼と流れはほぼ一緒です。この神前結婚式が広まり、仏教では仏前結婚、キリスト教では教会での挙式と、にわかに宗教色が加わった式が流行し始めました。

次に婚礼の場所ですが、江戸時代には幕府の令により皆が仏教信者であり、婚礼は花婿の家で行なわれていました。明治以降も庶民の間では自宅で婚礼を行なうことが一般的でしたが、富裕層では神社で結婚式を挙げるようになります。式が神社で行なわれる場合には、披露宴は料理屋へ一同で出向きました。また明治末期からは婚礼写真が撮影され、新婚旅行も始まります。

当時の花嫁衣装は、揚帽子《あげぼうし》（今の角隠し）、黒縮緬地《ちりめんじ》に裾模様《すそもよう》の着物、扇子《せんす》です。黒縮緬というのは、少ししぼがあり染色が映える艶《つや》なしの生地で、裾に模様が入っています。これは江戸時代後期の未婚の娘や若妻が、婚礼などの盛儀に列席する時の正装でした。この上層出席者の装いが規範となり、明治以降は花嫁の婚礼衣装となったようです。

それから結婚の条件に変化がみえ、家格よりもむしろ本人の人柄などが重視されるようになりました。そして明治以降の特徴として、結婚すればただちに婚姻届を出し、離婚の際にも届け出るという法律上の義務が生まれました。

【大正・昭和の結婚】

大正時代には見合いが広まり、式は神前結婚が多く、上流階級の祝宴は料理屋かホテルで行なわれました。花嫁衣装はよほど裕福な家庭の子女には白の打掛姿もみられましたが、ふつうは黒縮緬の裾模様で、袖丈は留袖《とめそで》（短い）か中振袖です。また花婿は和服かモーニング姿でした。

江戸後期の若い女性列席者が着用した黒縮緬裾模様は、明治から昭和初期には花嫁衣装となりました。現代では白無垢の花嫁衣装がふつうになったので、黒縮緬裾模様は再び列席者の衣装となって引き継がれ、今日の婦人の礼装「黒留袖」の基本となっています。

戦争による婚礼中止の時代を経て、戦後は戦地から大量に帰国した男子たちの、見合いによる結婚ラッシュが始まり、ベビーブームも起きました。

また戦後は日本の大家族制度が崩れ、昭和三十年代には政府による公団住宅（団地）推進などもあって、核家族が増加してゆきます。

高度成長期以降、挙式の場所は、式と披露宴がセットになっている結婚式場やホテルが一般的になりました。また花嫁衣装も、江戸期には白装束を自家で誂《あつら》えましたが、今はレンタル業の普及もあり、白の打掛姿やウェディング姿が多くをしめています。

【江戸と現代の結婚】

日本の昔からの婚礼には、実に様々なことが含まれています。それを現代とも比較しながら考えてみたいと思います。まず、江戸と現代の結婚で大きく異なるのは、財産相続の違いです。

○財産と婚礼――昔は長子の家督相続、今は財産分配型

江戸時代の婚礼は、武家、富商などでは長子相続のために行なわれ、「家」あるいは「家督」の相続が主眼であり、身分・財産の相続者の認証とそのお披露目でもありました。そのために家産を注ぎ込んでの豪華な婚礼でした。

現代では「新民法」になってその意味も変わりました。江戸の婚礼にあたるものは、現代ではあったとしても上層のわずかであり、一般には「結婚」があるだけだと思います。ですから江戸時代の「婚礼」と現代の「結婚」では、その内容はまったく違っています。そういった意味では、江戸の婚礼は消滅してしまったようです。

○江戸の結婚は三タイプ

江戸時代の結婚は三タイプに分けられます。

一、身分・財産を持っている富裕層

上層の武家、商家、大農家にとっては、身分・財産を継承するための結婚であり、その相続者を披露するための婚礼です。

二、一般庶民

商人、職人や自立できる中農家の人々にとっては、現代とあまり変わらない、夫婦になるお相手選びとしての結婚があります。

三、下層、低所得の人々

たとえば財産相続ができない兄弟など「厄介《やっかい》」と呼ばれる人々は、ほぼ妻帯ができません。ゆえに可能であれば婿養子やただの養子口を探しました。また庶民の棒手振《ぼてふ》り（物売り）などその日暮らしの人々や、農民でも自立できない「潰《つぶ》れ家《や》」の人たちなどは、結婚しにくい現実がありました。

○江戸に学ぶ今後の結婚

江戸時代と現代の社会背景（格差社会）が似てきたために、現代の私たちにとっても、江戸時代の結婚は参考となりそうです。四十年前の高度成長期には、右肩上がりで、会社に勤めてさえいれば、誰でも普通に「結婚」ができました。また当時は、「一億総中流」と言われ、みんなが中流意識を持っていて、民主主義の浸透もあり、日本に階級があるなどとは考えもしませんでした。

満開の桜の下での見合い　堀田連山画『絵本婚礼道しるべ』（文化10年刊）より

ところが一九八〇年代後半から九〇年代初頭のバブル経済の崩壊と、それ以降の長期不況、さらに二〇〇八年にはアメリカ発のリーマン・ショックも加わって、日本の経済は音を立てて崩れ、右肩下がりの経済が今後も長期化しそうです。少子高齢化、借金大国、年金の縮小、介護の問題、高額の医療費、今後の重税、東日本大震災……と暗い話題ばかりの昨今です。

そしてグローバリズムがすすみ、世界的に競争が激化する状況のなかで、日本では「格差社会」が始まっています。「二極化」とも言われ、富裕な上層は一〇%だけで、あとは低収入の下層が広がりつつあります。

この日本の経済状況と社会背景は、結婚問題にも影を落とします。江戸時代でも、中流の層であれば、なんとか結婚して夫婦になることができました。しかし江戸時代でも現代でも、低収入の場合には結婚できにくい状況があると思います。これからの日本をみても、皆が低収入という時代が今後数十年は続くと思われます。

男子の低収入者が増える一方の現状を打破する対策としては、一世帯の所得を増やすこと。つまり「夫婦二人で働く」ことだと思います。低収入の二人が夫婦になって中収入へ。このかたちは今後いっそう増えるであろうことが予想されます。

最後に、最近の婚活、結婚事情をお伝えして締めくくりたいと思います。近頃の二十代男子においては、毎朝のお弁当作りを楽しんでいる人も増え始め、本日作りたての弁当の写真を撮ってブログに発表する若者や、婚活も兼ねて女子がたくさんいる料理学校へ通う男子も増加中です。また料理教室は相変わらずの盛況で、会社帰りの夜にもかかわらず二十代女子たちで、予約は連日の満杯状況です。

また結婚して子育て中の若きパパの間では「イクメン」（育児をする男子）が広がりつつあります。この層では地方自治体などの主導する育児指導会などもあり、若き男子が赤ちゃんの抱き方やミルクの飲ませ方などを教わっている姿は微笑ましいものです。さらに育児休暇をとっての積極参加型の方もいます。ママの方も仕事継続、保育園の送り迎え、帰っては家事・育児と、一番大変な時です。

一方、現代の婚活は若者だけではありません。熟年婚活もブームとなりそうなほどで、インターネットなどでも熟年対象の結婚相談所が複数存在し、需要の高さを思わせます。また東京都心の青山から表参道の裏通りには、オシャレな結婚式場やウェディングドレスのショップが立ち並び、その活況ぶりがうかがえます。

社会背景がどうあろうと、目標が「結婚」であれば、人はなんとかするものです。江戸時代の庶民の女子も、洗濯や家事を季節や週・日単位で請け負ったり、農家でも農閑期には、女子は機《はた》織《お》りの賃仕事をするのが当たり前でした。

現代の女子も、強く優雅に女性らしい魅力をたたえて生きてほしいと願っています。

あとがき

江戸時代、夜の華燭と白装束の美しさが極立つ日本の婚礼。最初は現代の婚活ブームや、幸せそうな祝言や花嫁行列の古風な美しさに惹かれてこのテーマに取り組みました。

それなのに江戸の階級社会がクローズアップされてきたとは、自分でも驚きました。いや、こんなはずではない。結婚ではなくて、まるで格差社会問題に取り組んでいる感覚です。

あの華麗な祝言は、皆が行なっていることではありませんでした。婚礼と財産は大きく関わっていました。しかし間近にぐっと寄ってみれば、武家において男児が生まれずに養子が数代続けば、それだけで上級武士から長屋暮らしに落とされてしまう厳しい現実がありました。その悲哀はいかばかりか、と思います。

もしこの本を書く時期が三十年前の、日本が高度成長期の真っ只中、平和な時代だったなら、この話はあまりピンとこなかったかもしれません。

江戸の結婚を振り返って強く思うのは、この時代が階級社会だったという点です。これなくしては語れないほどです。江戸の結婚のベースにあるのは、つまりは身分を下に落としたくなかったということだと思います。結婚を通じて、必死で今の階級を守ろうとしたように、私には見えます。階級を落とせば、生半可《なまはんか》なことではすまなかった、それが現実だったのです。

農家も、なんとか自立できる中農層を目ざしたのです。潰れ家となったらどうなったのか。下層の娘であれば、奉公先が私娼にまで落ちていく場合もあったからです。

江戸の結婚の特色の第一は「家格のつり合い」、これだと思います。大大名の子息を養子に出すのに一万両を費やすなど、身代が潰れるほどの大金を出してまで縁組をし、家を守るのです。「結婚」という一般的な夫婦の結びつきなら、江戸庶民にも行なわれていましたが、「江戸の婚礼」には今日では想像もつかないような、まるで別世界がありました。ただもうその世界に茫然としている私です。

江戸時代の結婚について書かれた文献はあまり多くありません。江戸の商家や庶民の婚礼の模様についても、もっと詳しくふれたいと思いましたが、現在入手できる資料からは、これが精一杯となりました。また、本文中および巻末「参考文献一覧」で挙げました著者の方々には本当にお世話になりました。ここに記して感謝いたします。

これからの若き人々、そして熟年の方々が幸せな結婚をされることを、お祈り申し上げます。またこの本を手にし読んでくださった皆様、ありがとうございました。

最後になりましたが、私に良きアドバイスをしてくださり、また本にしていただきました三省堂の松本裕喜さんに厚く御礼申し上げます。

二〇一一年五月

菊地ひと美

参考文献一覧

事典・全集など

『江戸時代館』竹内誠監修、小学館、二〇〇二年
『江戸東京学事典』新装版、小木新造ほか編、三省堂、二〇〇三年
『江戸の旗本事典』小川恭一、講談社文庫、二〇〇三年
『江戸物価事典』新装版、小野武雄編著、展望社、二〇〇九年
〈江馬務著作集〉第七巻『一生の典礼』中央公論新社、二〇〇二年
〈シリーズ家族史〉②『擬制された親子』、④『家と女性』比較家族史学会監修、三省堂、一九八八年
『図録 近世武士生活史入門事典』武士生活研究会編、柏書房、一九九一年
〈日本の近世〉15『女性の近世』林玲子編、中央公論社、一九九三年
〈日本の歴史〉18『大名』児玉幸多、21『町人』中井信彦、小学館、一九七五年
〈日本民俗文化大系〉第十一巻『都市と田舎』網野善彦ほか編、小学館、一九八三年
『三田村鳶魚江戸生活事典』稲垣史生編、青蛙房、一九八〇年

単行本・新書・文庫など

『朝日新聞の記事に見る恋愛と結婚〔明治・大正〕』朝日新聞社編、朝日文庫、一九九七年
『江戸奥女中物語』畑尚子、講談社現代新書、二〇〇一年
『江戸の色ごと仕置帳』丹野顯、集英社新書、二〇〇三年

『江戸の冠婚葬祭』中江克己、潮出版社、二〇〇四年
『江戸の女性 躾・結婚・食事・占い』陶智子、新典社、一九九八年
『江戸の花嫁』森下みさ子、中公新書、一九九二年
『江戸の離婚 三行り半と縁切寺』石井良助、日経新書、一九六五年
『江戸武士の日常生活』柴田純、講談社、二〇〇〇年
『江戸文化の見方』竹内誠編、角川学芸出版、二〇一〇年
『御家人の私生活』高柳金芳、雄山閣、二〇〇三年
『御殿女中』三田村鳶魚、青蛙房、一九七一年（中公文庫、一九九八年）
『冠婚葬祭』宮田登、岩波新書、一九九九年
『近世女性生活絵典』原田伴彦ほか、柏書房、一九八三年
『「婚活」時代』山田昌弘・白河桃子、ディスカヴァー携書、二〇〇八年
『次男坊たちの江戸時代』松田敬之、吉川弘文館、二〇〇八年
『図絵 江戸おんな百姿』花咲一男編、三樹書房、一九七六年
『日本人の生活文化 くらし・儀式・行事』菅原正子、吉川弘文館、二〇〇八年
『馬琴一家の江戸暮らし』高牧實、中公新書、二〇〇三年
『幕末下級武士の絵日記』大岡敏昭、相模書房、二〇〇七年
『一目でわかる江戸時代』竹内誠監修、小学館、二〇〇四年
『三くだり半 江戸の離婚と女性たち』高木侃、平凡社ライブラリー、一九九九年

菊地ひと美(きくち・ひとみ)
1955年生まれ。衣装デザイナーを経て日本画家・江戸衣装と暮らし研究家。
著書に『江戸にぞっこん』『江戸おしゃれ図絵』『江戸衣装図典』ほか。国立劇場から制作依頼の『絵巻』四巻は海外の国立美術館でも展覧された。江戸東京博物館に『江戸日本橋絵巻』を展示。

お江戸の結婚
2011年7月15日　第1刷発行
画・文─菊地ひと美
発行者─株式会社 三省堂 代表者 北口克彦
発行所─株式会社 三省堂
〒101-8371 東京都千代田区三崎町二丁目22番14号
電話 編集(03) 3230-9411　営業(03) 3230-9412
振替口座　00160-5-54300
http://www.sanseido.co.jp/
印刷所─三省堂印刷株式会社
DTP─株式会社エディット
落丁本・乱丁本はお取替えいたします

Printed in Japan
〈お江戸の結婚・224pp.〉
ISBN978-4-385-36555-8